SPORTS CLIMBING

Bouldering,Lead Climbing,Speed Climbing

日本代表
ヘッドコーチが
教える

スポーツクライミング

テクニック＆トレーニング

監修 安井博志

PROLOGUE

はじめに

私がまだ高校の教員だった２００９年、ユース代表とともに、当時世界1位だったオーストリアへ合宿に行く機会に恵まれました。

その合宿では、これから日本のクライミングが発展していくために必要なことをたくさん勉強できました。

本書はそこで学んだことをベースに、17年間の指導のなかでやってきたことや現代の最新の要素を加えながら作りました。

私はクライミング以外にもスキーやサッカーなどをやってきましたがそういった競技では、強くなるため、うまくなるために、競技に合ったトレーニングをします。

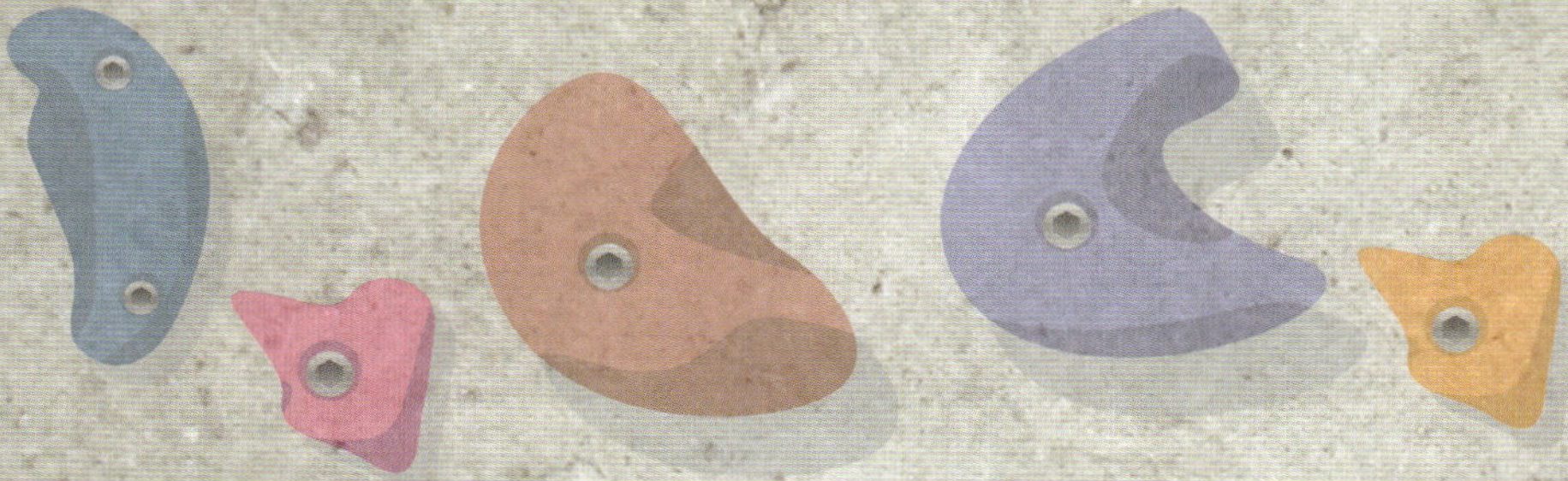

しかし、合宿から帰国後、当時の日本のクライミング界には、そういった概念が足りていないと強く感じました。以前から日本にも素質のある選手が多くいましたから、しっかりとしたトレーニングが確立されれば、世界で戦えるはず。同じ思いで歩んできた日本代表スタッフの1人として、これまで私が学んだことを皆さんと共有できたら嬉しいです。

日本代表ヘッドコーチ

安井博志

BOULDERING

ボルダリング

どんな競技？

ボルダリングは5メートル以下の壁に設置された複数のルートを、制限時間内にいくつ完登できたかを競う競技です。課題のバリエーションが豊富で、それに応じて対応できる総合力が求められます。

を1つ1つクリアする

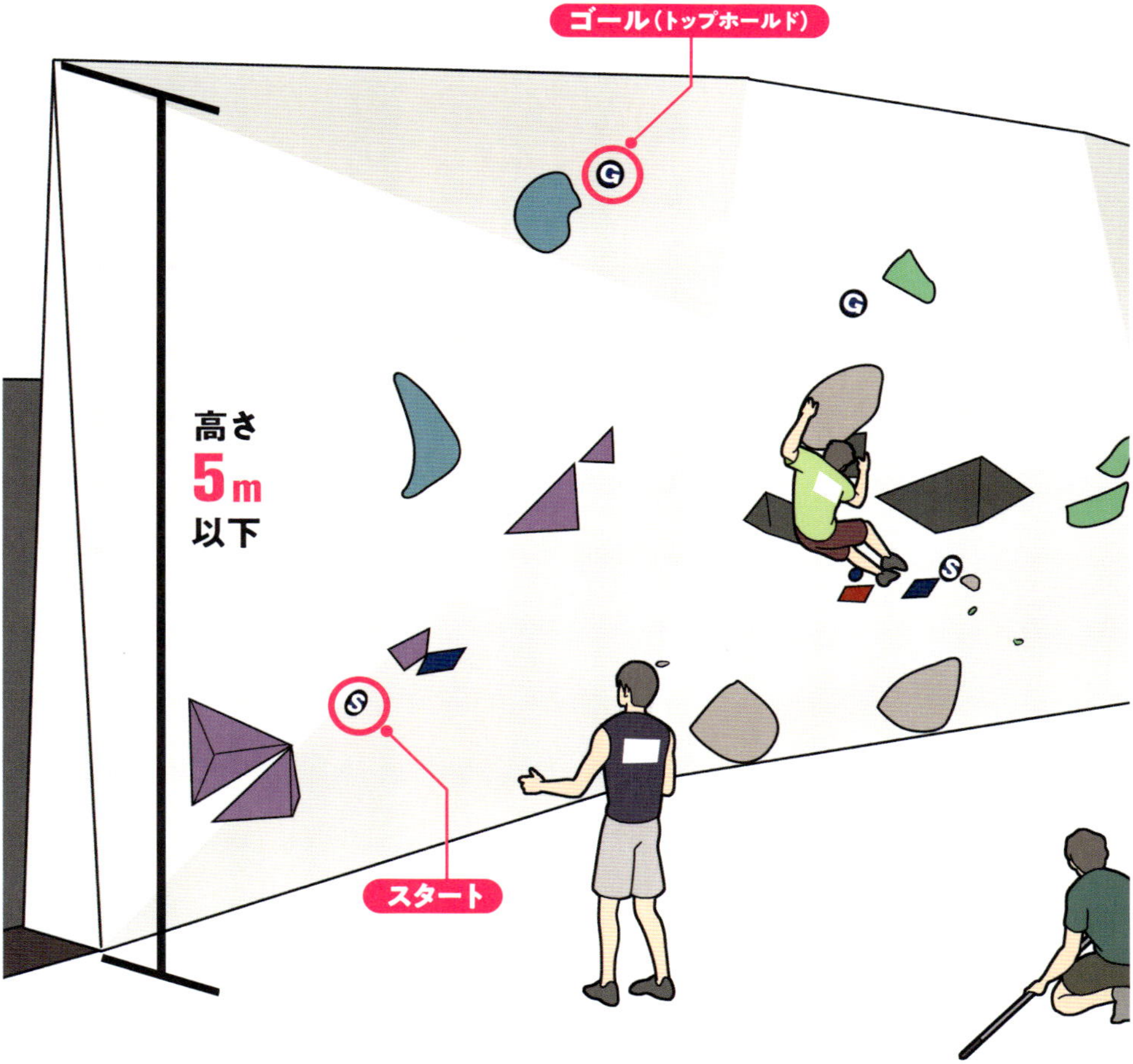

競技方法

- 高さ5メートル以下の壁
- 最大12手程度の複数のボルダーを対象にする
- 定められたスタート位置から開始
- トップホールドを両手で触り安定した姿勢をとれば完登

課題となる難関ルート

一手でも上を目指して
渾身の力で壁を登る

LEAD

リード

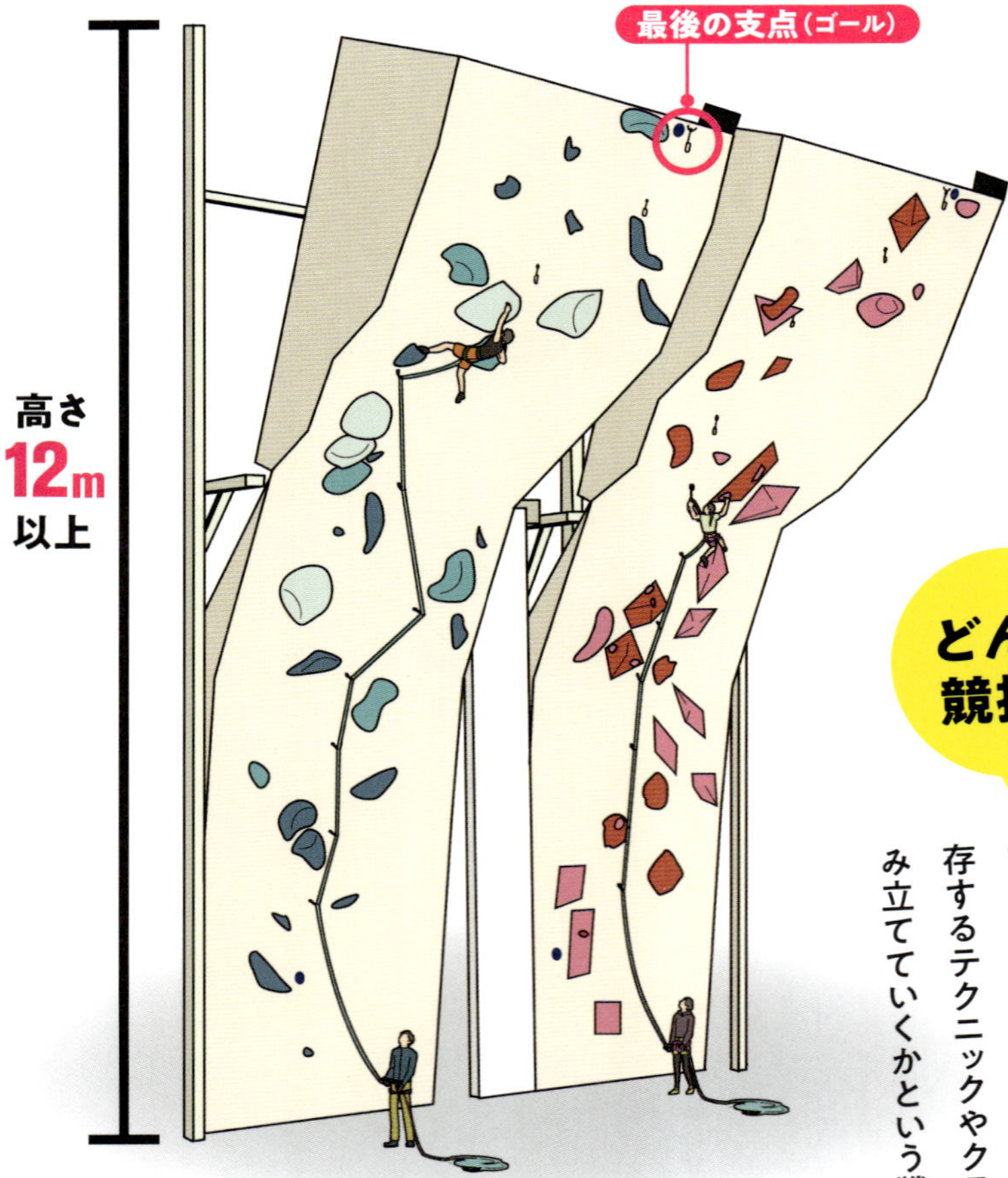

どんな競技?

リードは12メートル以上の壁に設定されたルートを登り、どこまで登れたかを競う競技です。完登するには、持久力が必要なのはもちろん、力を温存するテクニックやクライミングをどうやって組み立てていくかという戦略性も問われます。

競技方法

- 高さ12メートル以上の壁
- 最長60手程度のルートをどこまで登れるか
- 途中の確保支点にロープをかけて安全を確保
- 最後の支点にロープをかけると完登

SPEED

スピード

どんな競技？

世界共通のルートを、いかに速く登れるかというタイムを競うのがスピードです。瞬発力といった身体能力が問われますが、練習によって身体に覚え込ませた動きを、正確に再現することが重要です。

世界共通のルートを2人の選手が競い合う

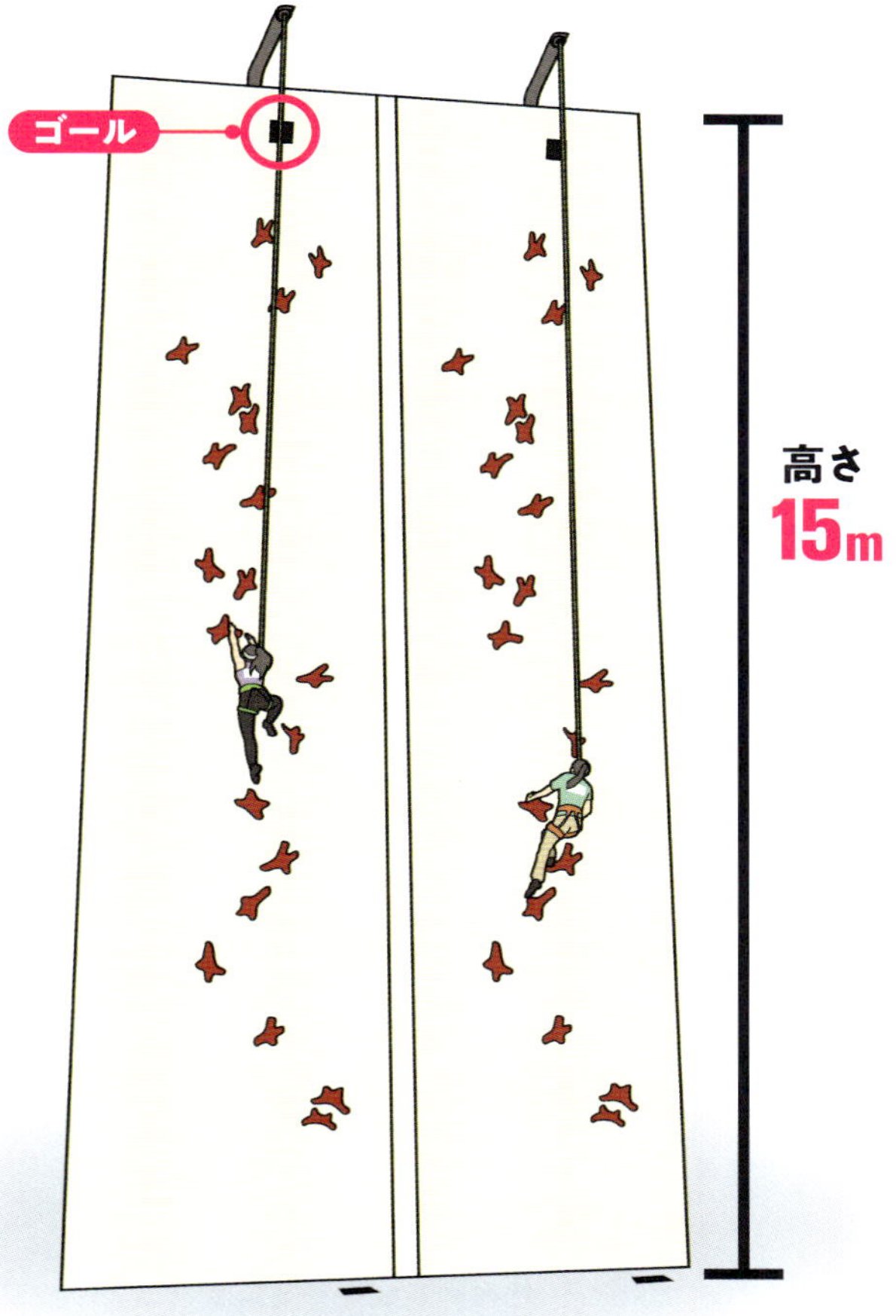

競技方法

- 高さ15メートルの壁
- ホールドの配置が周知されているルート
- 速く登れるかを競う
- トップロープスタイルで行う

るかをイメージする！
ライミング一番の魅力

初めて岩場を登ったときにクライミングのとりこに

——小林さんがクライミングを始めたきっかけから教えてください。

小林　父が登山をしていて、子どもの頃、よく山に連れて行ってもらったんですね。あるとき福島県の安達太良山に行ったのですが、そこにクライミングができる小さな岩場があったんです。ちょっと登ってみようと軽い気持ちで登ったら、これがおもしろくて、楽しくて！

——いきなり岩場を登れてしまったのですか。

小林　小さな岩場ですし、グレードでいえば、たぶん2くらいじゃないかと…（笑）。それでも登れたことがうれし

トップクライマー

SPECIAL INTERVIEW

小林由佳

YUKA KOBAYASHI

小学2年生で岩場を登る楽しさを知り、中学生からは日本クライミング界の第一線で活躍してきた。2017年に選手を引退し、現在は日本代表コーチとして次代のクライマーを育成している小林由佳さんに、クライミングの魅力を聞いた。

壁全体を見て、どう登上達の秘訣であり、ク

かった。登山をするだけなら迂回していけばいいんですが、岩場を登ったところには写真撮影のスポットがあって、景色がとてもきれいでしたね。

――それからすぐにジムに通って練習するようになったのですか。

小林　いえいえ、当時はクライミングジムが少なかったし、自宅の近くどころか、県内にもほとんどなかったんじゃないかと思います。そもそも当時は、クライミングは子どもには危険だと考えられていて、立ち入り禁止が当たり前でした。

――それでは、どうやって練習したのですか。

小林　基本的には父に岩場に連れて行ってもらいました。金曜日におやつを買って父が仕事から帰宅するのを待って、そのまま車で山へ。着いたら車中泊をして土曜日に登る。そのままテント泊をして、次の日も登っていました。登りながら、買っておいたおやつを食べるのが楽しみで（笑）。週末だけでは物足りないので、学校のジャングルジムでも練習しましたね。クライミングの教科書を見ながら、「これがフラッギングか」とか試しながら。

――子どもの頃は、それほど人工壁を登る機会はなかったんですね。

小林　大きなアウトドアショップには壁があるところがあって、そこで登らせてもらったり、子どもでも参加できる講習会くらいでした。そこで人工壁の楽しさも知って、結局自宅の四畳半の部屋に壁を作ってもらったんです。

――ジムに入れてもらえないなら、自宅に作ってしまおうと！　家族も協力的だったんですね。

小林　父は登山が好きだったのですが、クライミングはやったことがなかったので、私と一緒に勉強して、登るのが楽しかったみたいですね。

――自宅の壁では、どれくらい練習しましたか。

小林　1日3時間くらい。毎日のように登っていました。

――そこまで小林さんを惹きつけたものは、やはり最初に岩場に登って成功したときの達成感ですか。

小林　もちろんそれもあるのですが、私は「登る」という感覚そのものが好きなんです。現役を引退した今でも、ジムに来て、最初にガバをつかんで身体を伸ばした瞬間の感覚は大好きです。

――クライミング以外に、習い事はやっていましたか。

小林　クライミングを始める前は、ピアノと水泳を習っていました。でもどちらもあまり練習はしませんでしたね。特にピアノは自分には全然向いていなかった。それと新体操もやろうと思って、ボールを買ってもらいました。でもほとんど同じ時期に岩を登る楽しさを知ってしまい、結局一度も教室には行かないまま、ボールだけが残ってしまいました。

――なんでも上達するためには、好きになることが一番大事ですね。

小林　本当にそうですね。クライミングは毎日練習したのに、ピアノは家でまったく弾きませんでしたから。毎週1回教室に行きますが、残りの6日間は1度も弾かずにまた教室で弾くだけ（笑）。それでも小学6年生までは続けました。水泳は何年やっていたか覚えていないのですが、そもそも顔を水につけるのが嫌いでした（笑）。

「登る」という感覚そのものが好き！

「子どもには危険」という固定観念を突破した

——大会にはいつ頃から出場したのですか。

小林　ユースの大会にはすぐに出場したのですが、大人の大会に初めて出たのは、小学校5年生（10歳）のときでした。

——どうして大人の大会に出ようと思ったのですか。

小林　岩場で登っていたときに「子どもの割にすごいね」と言われたんですね。同じルートを同じ条件で登っているのに、何で「子どもの割に」と言われるんだろうと。

——褒められて嬉しいというよりも、子どもと言われて悔しかったということですか。

小林　うーん、悔しいというか、何で大人と子どもと区別するんだろうとい

課題を克服するために
どんなトレーニングを
すればいいのかを考える

う感じですかね。大人の大会で勝ちたいというよりは、自分は大人の中でどれくらいできるか試してみたいと思いました。

——当時、小学生はジムにさえ入れてもらえなかったわけですが、大会にはすんなり出られたのですか。

小林　大会の規定に年齢制限はないんですが、主催者が「前例がないから」と困っていたそうです。でもどうしても出たかったので粘って、最終的には「クライミングの普及」（老若男女ができるスポーツというイメージへ）ということで許可してもらいました。

——念願が叶った最初の大会は、どうでしたか。

小林　そのときはちょっと恥ずかしい思い出があって…。池袋のサンシャインシティの吹き抜けに、仮設の壁を作って行われたんですね。予選は完登して1位タイで通過しました。でも茨城の田舎から出て行って、池袋の人波に揉まれたもので、決勝の前に人酔いで体調が悪くなってしまったんです。結局、決勝は棄権してしまいました（笑）。

——それからは継続して出場し続けたのですか。

小林　日本のトップレベルがどれくらいかもわかりましたし、自分の弱点や、強い選手のすごいところもわかりました。そこで1年間試合には出ないで、自分の課題を徹底的に克服しました。それまでは楽しくて登っているだけだったのが、成績も気になり出したということですね。

——具体的にどのようなことに取り組んだのですか。

小林　子どもは単純に大人よりも身長が低いので、大人が届くところも届かない。そこを同じ方法ではクリアできないので、自分なりのやり方を見つけなければなりません。右手をどこに置いて、そのとき左足は？　右足は？　そして次はどこにどうやって動かすのか。そういう課題を読む勉強をしました。元々私の性格が、自分の課題を見つけて、それを克服するためにはどんなトレーニングをすればいいのか、ということを考えるのが好きなんですね。

——成果は出ましたか。

小林　中学1年生でジャパンツアーの2位。中学2年生で1位になることができました。実は初めて1位になったのが、池袋でした（笑）。

——因縁の場所で、見事にリベンジし

たわけですね。

オブザベーションこそクライミングの醍醐味

――それ以来、小林さんは長年に渡って日本クライミング界のトップで活躍してきましたが、これからクライミングを始めたいという人にアドバイスをください。

小林　最初からグレードを突き詰めると、行き詰まったときに嫌になってしまうと思います。それよりもいろいろなバリエーションが混在している壁を自由に登って楽しむのがいいんじゃないかと思います。クライミングは本当

に登っているだけでも楽しいので、いつの間にか無数のバリエーションを練習していることになりますからね。

——もっと上達したい、というクライマーはどんなことに注意して練習すればいいですか。

小林　まずはできるだけ頻繁にジムに通って、たくさん登ることが大切だと思います。ただそのときに、ぜひ「考えて」から登ってみてください。いわゆるオブザベーションです。まずは壁全体を見て、どう登るかをイメージしてみる。このときできるだけ具体的に、どのホールドを、どちらの手で、どのように握るか、そのときに足は？というところまで考えられたらいいですね。最初は手だけでもいいと思います。考えることを習慣にしていれば、だんだんと足もイメージできるようになります。

——オブザベーションをするのとしないのでは、上達が違ってきますか。

小林　考えてから登ると、イメージ通りにうまくいくところと、うまくいかないところが出てきます。うまくいかないところは、何が悪かったのか。どこがイメージと違っていたのかを振り返って、次に生かすことができます。登ることでスキルや体力が成長できて、イメージすることで頭脳的な面が同時に成長できると思います。

——最後に、小林さんにとってクライミングの一番のおもしろさはどんなところですか。

小林　いくつもあるんですが、やっぱり自分の課題を自分で見つけて、それを克服していくという過程だと思います。どういう練習をすれば、何ができるようになるか。その成長を実感できたときはうれしいですよね。これは先ほど話したオブザベーションとも似ています。課題を登る前にどうやって登るか考えて、その通りに登れたときはうれしい。子どもから大人まで楽しめるのは、身体を使うけど、知的なスポーツでもあるからだと思います。ホールドは人が設置したものですから、必ずその人の意図があります。それを読み解く楽しみを味わってほしいですね。

SPORTS CLIMBING

日本代表ヘッドコーチが教える

Bouldering,Lead Climbing,Speed Climbing

スポーツクライミング テクニック＆トレーニング

CONTENTS

PART4 ピリオダイゼーション

Column

PART 1

スポーツクライミングの基礎知識

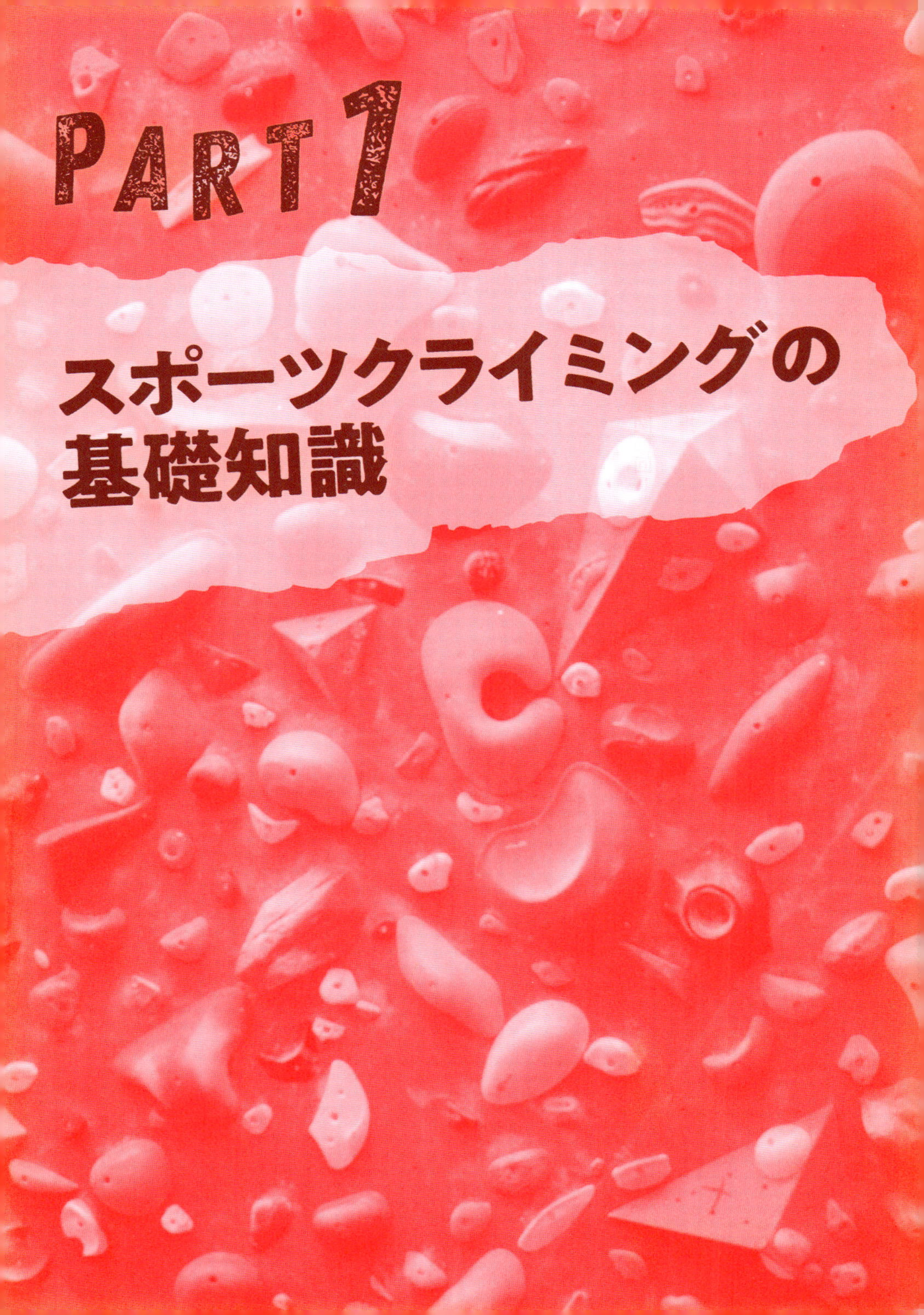

ホールディングの基本

ホールディングの選択がクライミングの第一歩になる！

状況やホールドの形状に応じてホールディング

壁に取り付けてあるホールドを手で扱うことを、ホールディングといいます。指は繊細に動かすことが可能で、イメージした通りに自由自在に動かすことができます。その手の特性を生かして、ホールドを手のひら全体でつかんだり、親指と4本指で挟んだり、手のひらで押したり、指先を引っかけたりしてホールディングします。ホールディングにはたくさんの方法がありますが、状況やホールドの形状に応じて、正しいホールディングをすることがクライミングの第一歩と言えます。

ホールドは1つ1つの形状、大きさ、厚さなどが違っていて、何万種類もあります。さらにそのホールドを壁に取り付ける角度によっても、ホールディング方法は変わります。こうしてクライミングのコースは無限のパターンが生まれるのです。

正しいホールディングは、2つの要因のバランスによって決まります。まずは自分の身体をしっかりと保持できるホールディングであること。保持できなければ、フォールしてしまいますから、これが大前提となります。その上でどれくらいの力を消費するホールディングであるかも大事な要素となります。いくら安定してホールディングできたとしても、必要以上に力を使ってしまったら、すぐに疲労してしまいます。もっと筋力をセーブできるホールディングがあるなら、そちらを使うのがベストなのです。つまり、フォールしないで身体を保持できるホールディングであり、その中で力をできるだけセーブできるホールディングが「正しいホールディング」ということになるのです。

Check ココをチェック!

ホールディングは ケガしにくいものを

ホールディングするときに、手首はできるだけまっすぐに保つようにする。まっすぐなら前腕から手にかけて通っている腱や、手首の関節に余計な負担がかかりにくいためだ。手首をムリに曲げるような形で握ると、関節や腱を痛めることがある。またホールドを下から持つホールディングの仕方を「アンダー」と呼ぶが、このときは特に注意。アンダーは強い背筋の力がすべて手首にかかるので、このときに手首が変に曲がっていると危険だ。

主なホールドの形状

1 クリンプ ▶▶▶24ページ
2 スローパー ▶▶▶29ページ
3 ピンチ ▶▶▶30ページ
4 ポケット ▶▶▶31ページ
5 ボリューム ▶▶▶32ページ
6 ガバ ▶▶▶33ページ

上の6つ以外にもホールディングはある。たとえば「ガストン」。通常は引っ張る力を利用して持つが、ガストンはホールドを外へ押し出すようにして支持力を得る。このとき、ヒジの角度は鋭角にして、肩とヒジの位置を近づけるようにする

ホールディング①
フルクリンプ

上級者向けの持ち方で指が強くなってから使用しよう！

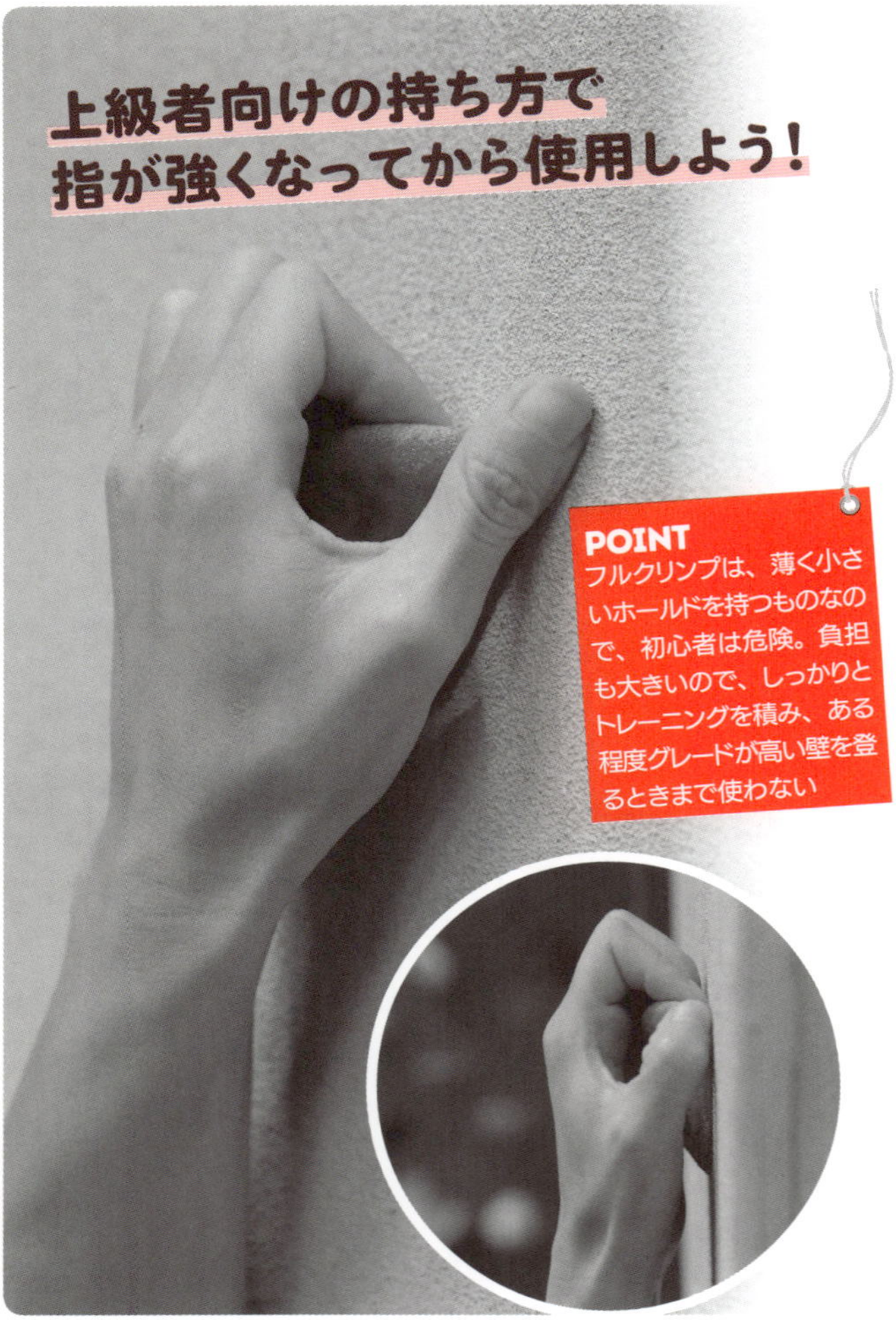

POINT
フルクリンプは、薄く小さいホールドを持つものなので、初心者は危険。負担も大きいので、しっかりとトレーニングを積み、ある程度グレードが高い壁を登るときまで使わない

指先を壁とホールドの隙間に押し込むようにする

親指を除いた4本の指を第二関節で鋭角に曲げて、ホールドの上面に引っ掛けます。このとき壁とホールドの接点に向かって指の腹から押し込むようにするのがコツです。親指を人差し指の横に添えるようにすると保持力が高まります。慣れてくると数ミリ程度の小さなエッジでも安定して持てるようになります。親指を人差し指に重ねるとさらに強力になりますが、腱や関節への負担が大きいので注意が必要です。

PART 1
スポーツクライミングの基礎知識

ホールディング②

ハーフクリンプ

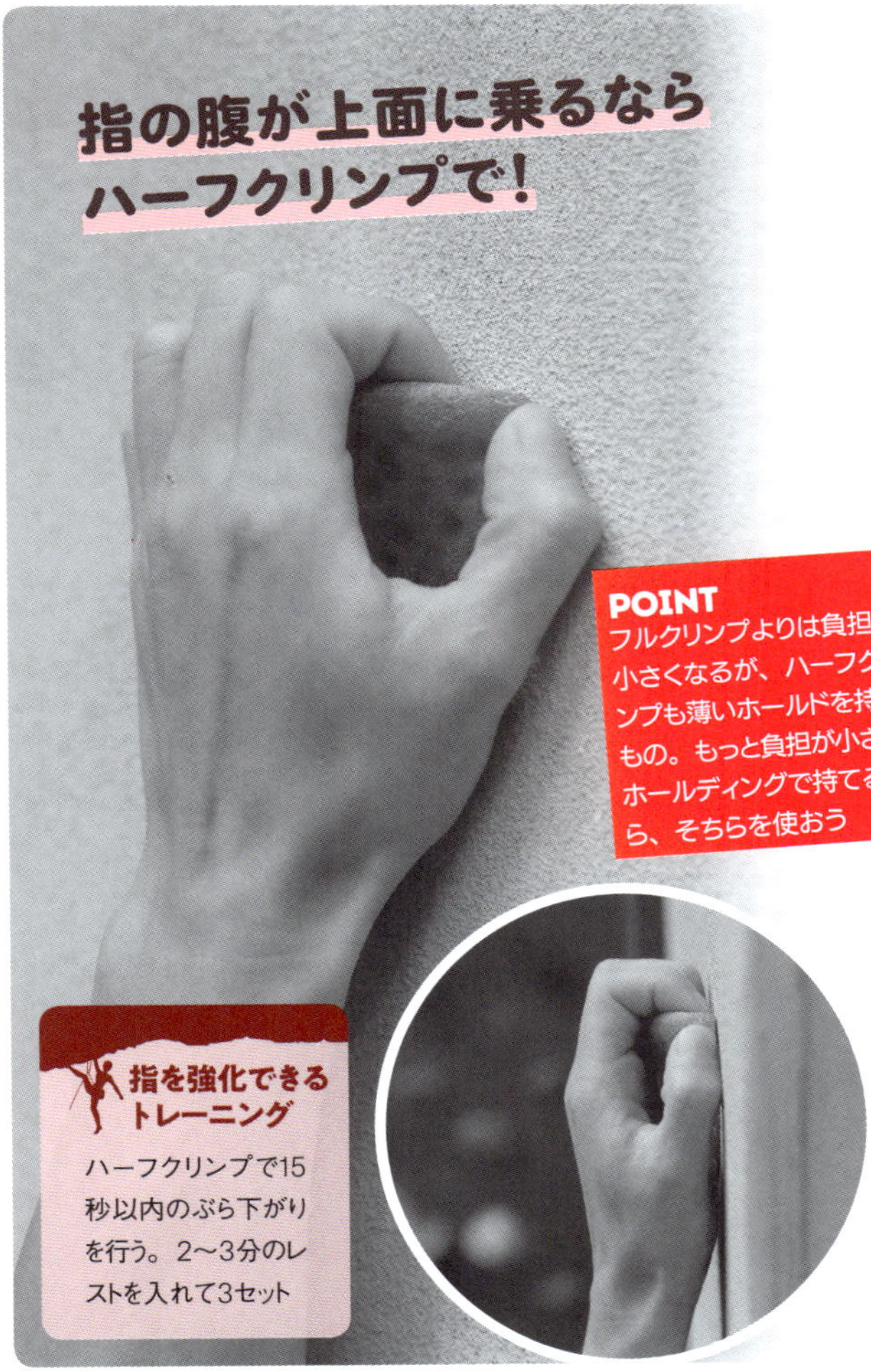

指の腹が上面に乗るなら ハーフクリンプで！

POINT
フルクリンプよりは負担が小さくなるが、ハーフクリンプも薄いホールドを持つもの。もっと負担が小さいホールディングで持てるなら、そちらを使おう

指を強化できるトレーニング
ハーフクリンプで15秒以内のぶら下がりを行う。2〜3分のレストを入れて3セット

第一、第二関節を90度くらいに曲げる

ホールドの上面に1センチ程度のフラットな部分があるなら、ハーフクリンプが使えます。フルクリンプよりも腱や関節にかかる負担が軽いので、それだけ消耗を抑えることができるためです。親指以外の4本の指の第一関節、第二関節を90度程度まで屈曲させて、指の腹をホールドの面に乗せます。親指は人差し指の横に添えるか、ホールドの側面から支えておくと、保持力を高められます。

ホールディング③

オープンクリンプ

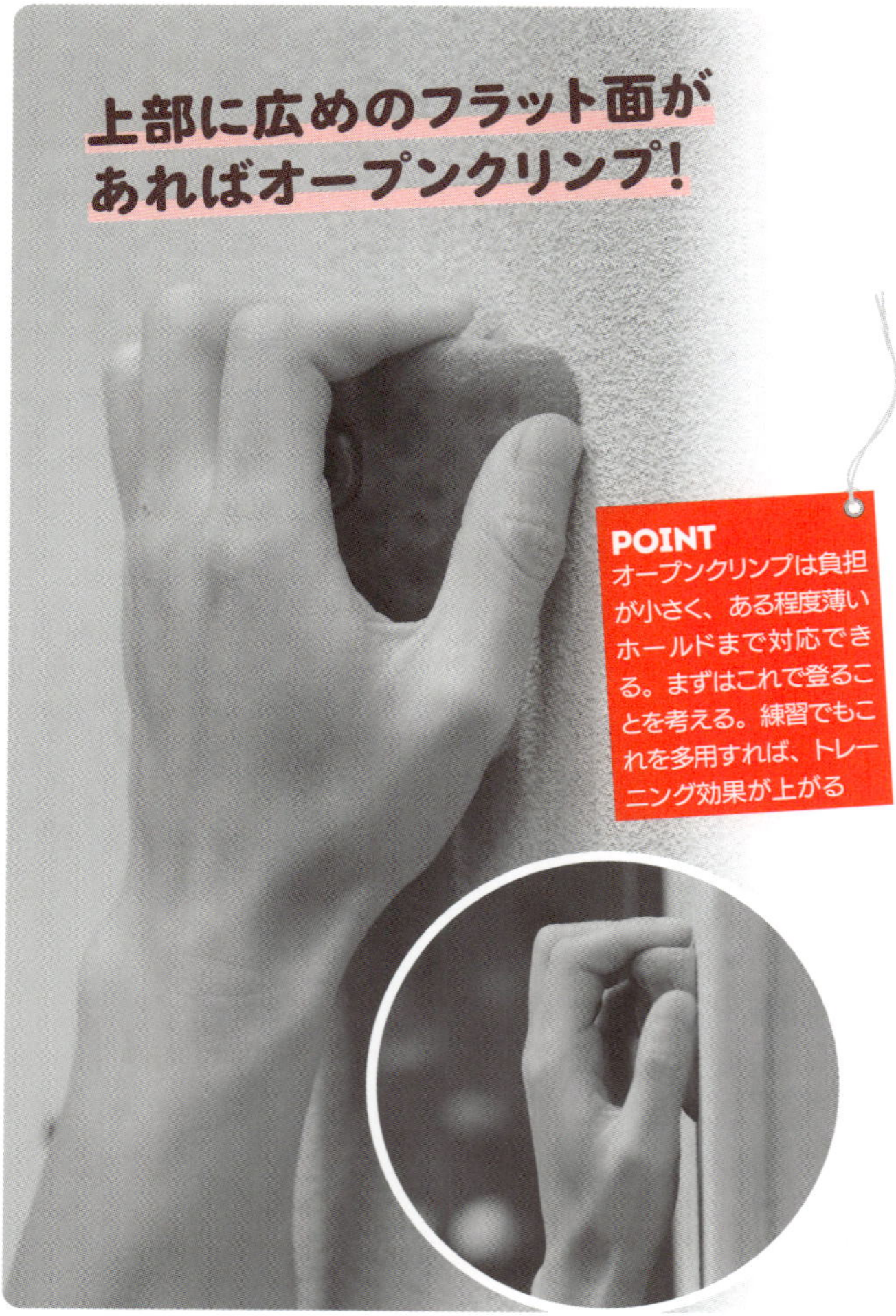
上部に広めのフラット面があればオープンクリンプ!
POINT
オープンクリンプは負担が小さく、ある程度薄いホールドまで対応できる。まずはこれで登ることを考える。練習でもこれを多用すれば、トレーニング効果が上がる

4本指をL字フックにしてホールド上面に引っ掛ける

ホールドの上面に数センチほどの広い平面があるときには、オープンクリンプが適しています。親指を除いた4本の指をそろえ、その4本指の第一関節を一直線に、第二関節を90度に曲げて、L字フック状にして固定します。そのフックをホールドに引っ掛けて保持します。クリンプには3種類ありますが、ホールドが大きくなるにつれて、フルクリンプ、ハーフクリンプ、オープンクリンプの順に使い分けるようにします。

3種類のクリンプにはこんなポイントがある!

POINT 1 腱や関節への負担が違う!

フルクリンプは4本の指の関節の屈曲角度が大きく、3つのクリンプの中では腱や関節への負担が大きくなります。トレーニングなどで酷使したあとは、念入りにマッサージやストレッチをしましょう。

POINT 2 指をそろえる

クリンプは、親指以外の4本の指をそろえるのが特徴です。このとき指同士が離れていると、保持力が落ちます。隙間が空かないように、しっかりとそろえます。小さなホールドに対応するフルクリンプは、特にこの影響を受けやすくなります。

POINT 3 皮膚の「遊び」を取る

手のひらや指先の皮膚を押すと弾力があります。ホールディングでは、この柔らかさが「遊び」となって保持力に影響します。壁を指の腹で押すようにして、指先の細胞を固めながらホールディングすると、この「遊び」が取れます。

クリンプ系ホールディングを比較すると…

1 指関節への負担

2 ホールドの厚さ

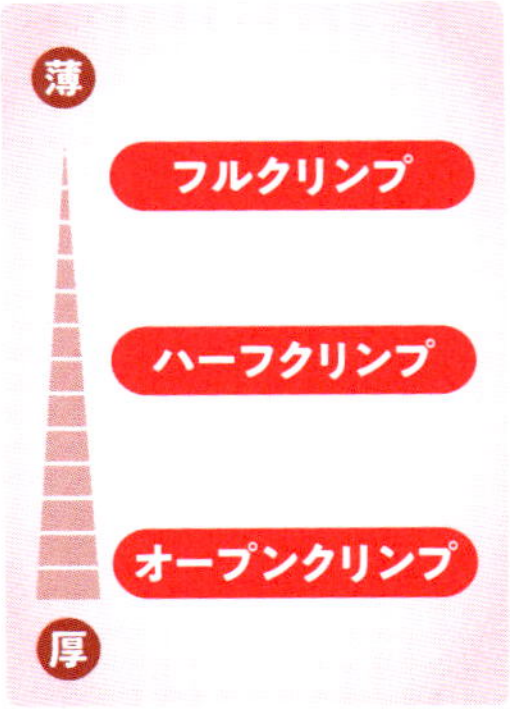

3 指と前腕の疲労度

ホールディング④

オープンハンド

**オープンハンドは
指関節への負担が小さく
クリンプよりも疲労が軽い！**

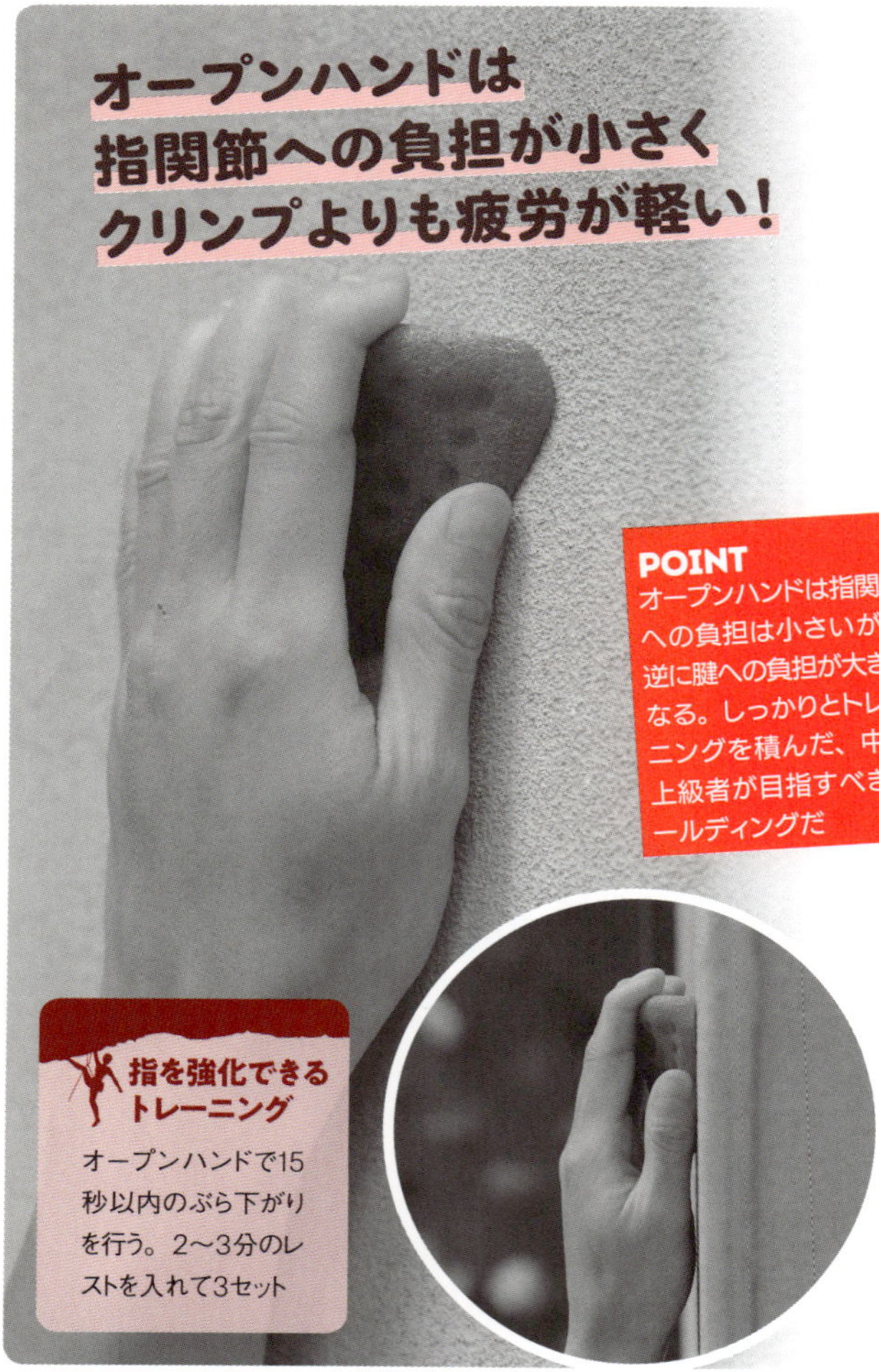

POINT
オープンハンドは指関節への負担は小さいが、逆に腱への負担が大きくなる。しっかりとトレーニングを積んだ、中・上級者が目指すべきホールディングだ

指を強化できるトレーニング

オープンハンドで15秒以内のぶら下がりを行う。2〜3分のレストを入れて3セット

ホールドを抑え込んで指の摩擦力を高める

手のひらを開いて、4指のうちホールドに届く指の第一関節を引っ掛けます。指の腹の摩擦力を高めるのがポイントで、慣れないうちは滑り落ちるという不安を感じるかもしれません。しかし実際はクリンプよりも壁に近い位置で保持するため、腱や関節にかかる負担は小さく、指屈筋の疲労も軽減できます。難しいホールディングですが、慣れてくるとクリンプよりも多用できるようになるはずです。

ホールディング⑤

スローパー

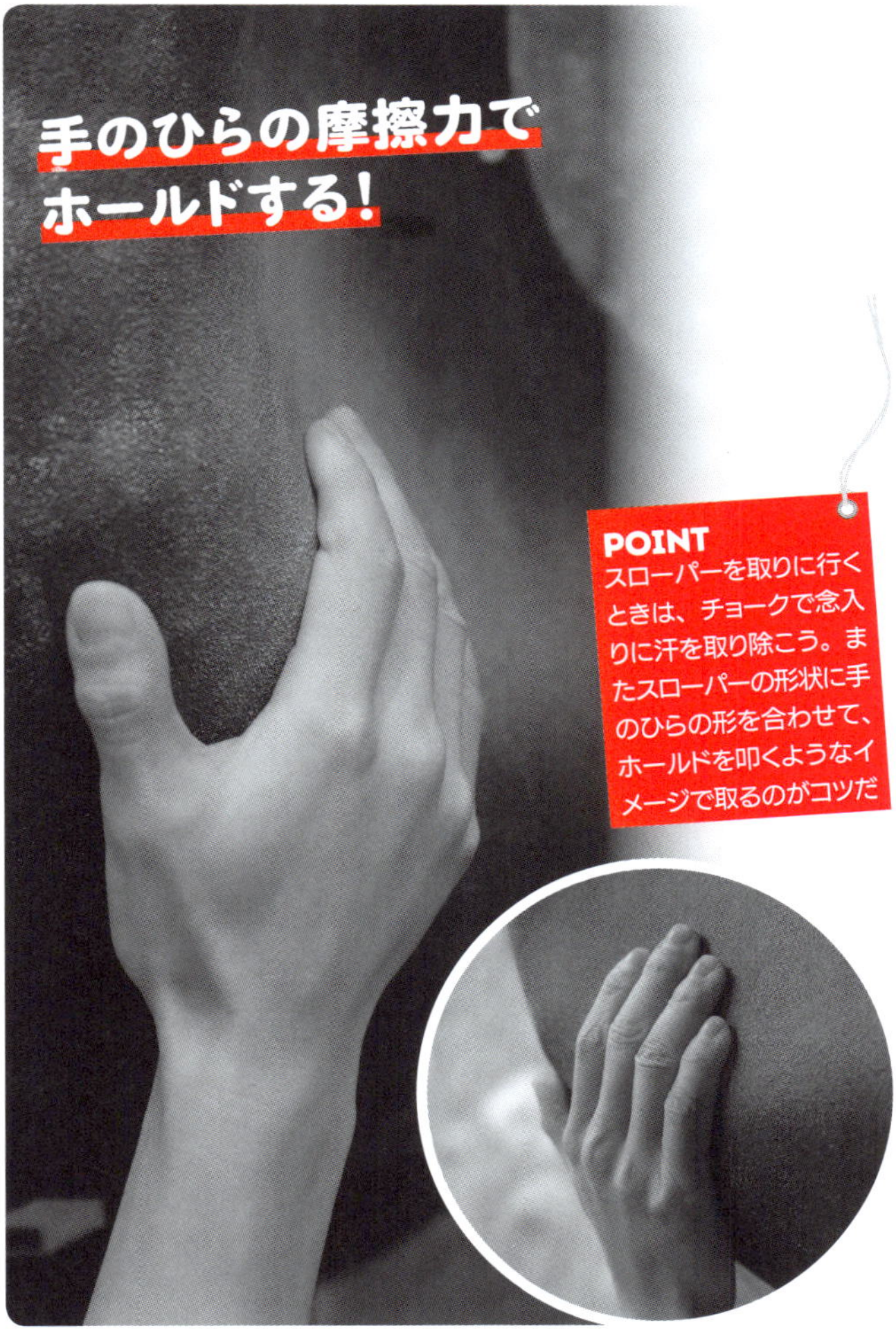

手のひらの摩擦力でホールドする!

POINT
スローパーを取りに行くときは、チョークで念入りに汗を取り除こう。またスローパーの形状に手のひらの形を合わせて、ホールドを叩くようなイメージで取るのがコツだ

ムーブするときも手のひらの摩擦力を保つ

半球体や滑らかな斜面状のホールドを、手のひら全体で覆うようにしてホールディングするのが、スローパーです。摩擦力を大きくするために、指先から手首に近いところまで、できるだけ広い面がホールドに接するようにします。指だけがホールドに乗っていて、手のひらが浮いてしまうのは良くありません。肩やヒジの角度が変わると手のひらの摩擦力が変化して、滑りやすくなります。角度は一定を保ちましょう。

ホールディング⑥

ピンチ

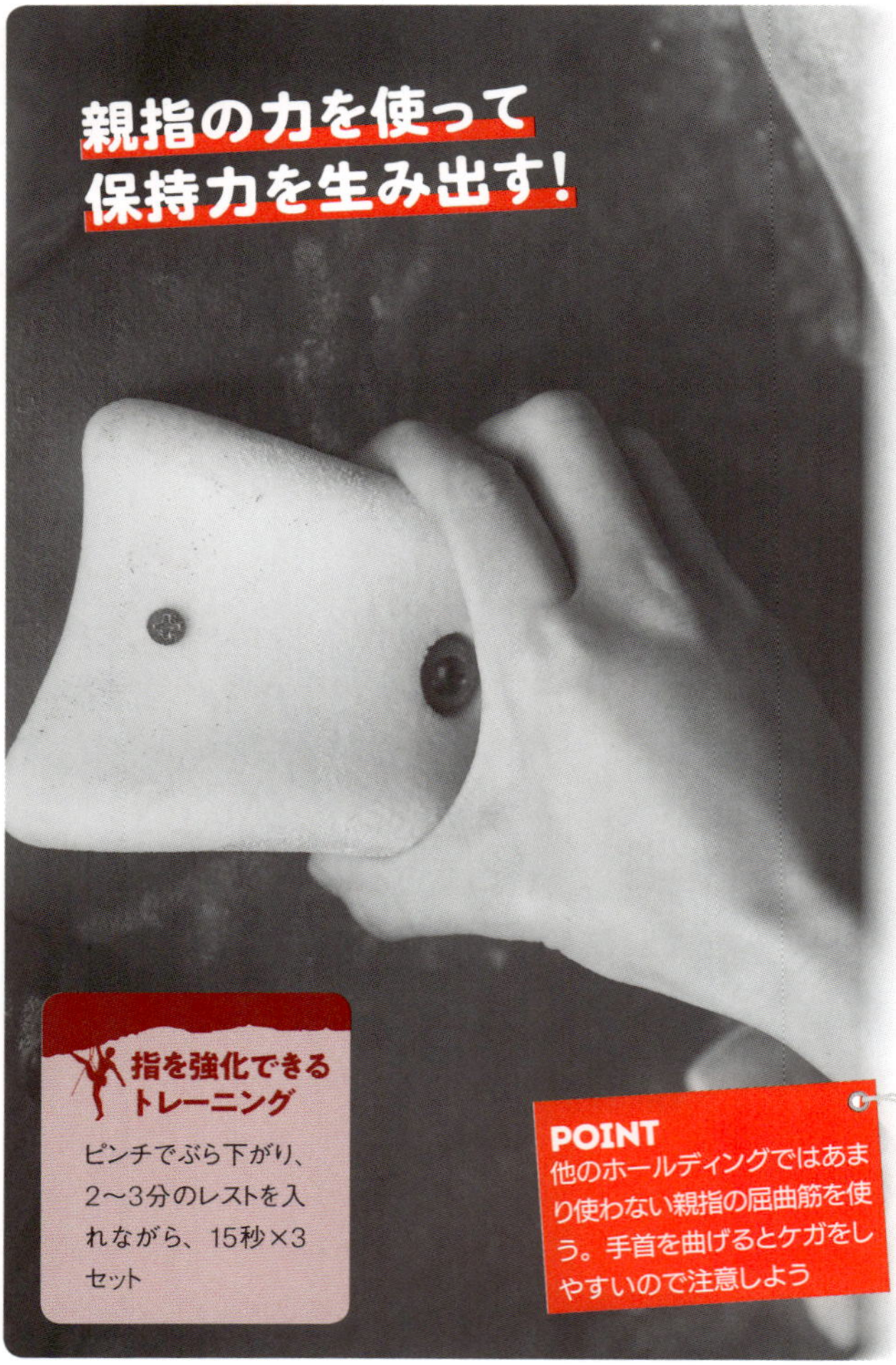

親指の力を使って保持力を生み出す！

指を強化できるトレーニング

ピンチでぶら下がり、2〜3分のレストを入れながら、15秒×3セット

POINT

他のホールディングではあまり使わない親指の屈曲筋を使う。手首を曲げるとケガをしやすいので注意しよう

「ピンチ＝挟む」の通りホールドを手で挟む

ピンチとは「挟む」という意味です。細長いホールドを、文字通り親指と四指で挟んで持ちます。しかし実際は指だけの力でホールディングしようとすると、握力を大きく消費してしまいます。そこで親指と人差し指の股部分にある水かきをホールドに密着させて固定します。

手のひらの付け根部分までホールドに押しつけるようにすると、大きな保持力を得られます。

PART 1
スポーツクライミングの基礎知識

ホールディング⑦

ポケット

まずは中指と薬指の2本で持てるようになろう!

上級者のみが使用し、ユース世代のクライマーはできるだけ使用しないように注意

POINT
他のホールドと比べて、指にかかる負担がとても大きい。指に痛みや違和感があるときは使わないこと

穴の大きさや形状に応じて持ち方が様々ある

ホールドの穴に指を入れて持つのがポケットです。穴の大きさや深さは様々で、形状に合わせて指の本数やホールディング方法を変える必要があります。指が2本入るなら中指と薬指がおすすめです。穴が大きいときは人差し指、中指、薬指にします。指を横に並べられないときは、人差し指と薬指をそろえて、その上に中指を重ねる方法もあります。穴が極小のときは、中指や薬指1本だけにすることもあります。

ホールディング⑧

ボリューム

「張りぼて」という名前のボリュームは摩擦力で持つ！

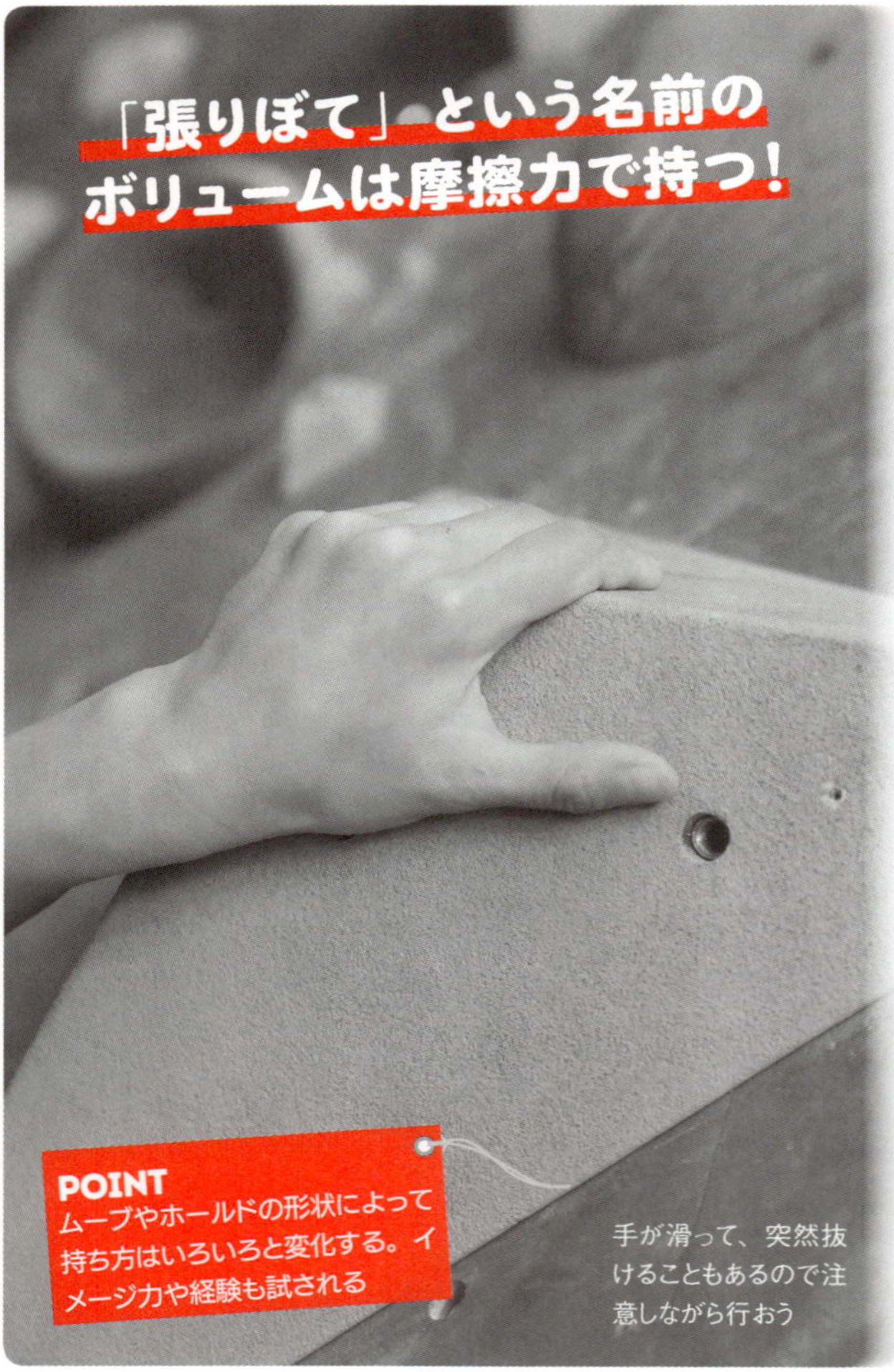

POINT
ムーブやホールドの形状によって持ち方はいろいろと変化する。イメージ力や経験も試される

手が滑って、突然抜けることもあるので注意しながら行おう

角の利用の仕方で持ち方が変わってくる

ボリュームは角がある張りぼて状のホールドを、手のひらの摩擦力を利用して持つ方法です。スローパーが球体や滑らかな面を手のひらで支えたのに対して、ボリュームは角をどう利用するかがポイントになります。角を親指と四指で挟んで、ピンチ風にしたり、四指をそろえてオープンハンドにしたり、力の入れ方を工夫できます。また身体を引き上げていくと角と面の角度が変わるので、手を持ち替える必要があります。

PART 1
スポーツクライミングの基礎知識

ホールディング⑨

ガバ

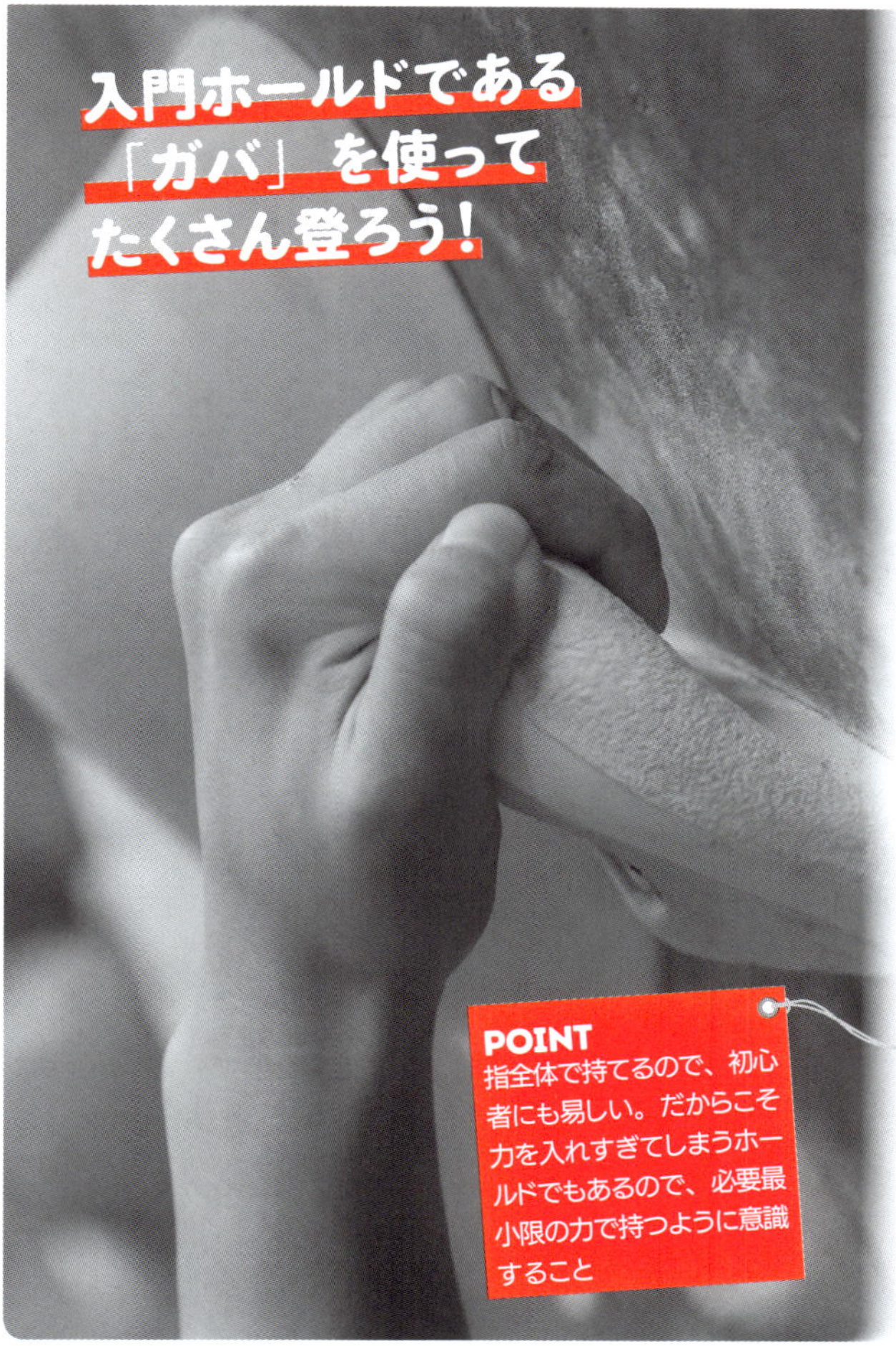

入門ホールドである「ガバ」を使ってたくさん登ろう！

POINT
指全体で持てるので、初心者にも易しい。だからこそ力を入れすぎてしまうホールドでもあるので、必要最小限の力で持つように意識すること

「ガバっ」と持て初心者にも易しい

ホールドに深くえぐれている個所があり、そこに指を入れてホールディングするのがガバです。「ガバっ」と持てることからこの名前がついたとも言われています。もちろんホールドの大きさや形状は様々で、親指まで5本指がすっぽりと入るものがあれば、くぼみが小さく3本や2本で持つものもあります。初心者でも安定して持つことができ、中級者以上なら片手で保持して、ぶら下がることもできます。

フットワークの基本

フットワークが正確にできれば腕力や握力を温存できる

より小さなものに乗れるようになろう

　フットワークとは、足でホールドを保持すること。フットワークはホールディングと同じくらい重要です。なぜなら、人は握力や腕力よりも脚力の方がはるかに強くて、持久力にも優れています。クライミングでは、できるだけ脚力を使って登り、握力や腕力を温存するのが理想なのです。そのためにもフットワークを正確にすることは、重要なポイントになります。

　手や腕に負担をかけなければ、それだけ長い時間登ることができます。これは、コンペで有利なのは当然ですが、長い時間練習できるということにもつながり、それだけ上達も早くなります。

　ホールディングは、ホールドの形状に合わせて選ぶのが基本でした。フットワークでもホールドの形状によって選ぶこともありますが、それよりも身体のバランスや、次に取るホールドの方向によって選択することも必要になってきます。

　クライミング中は、目線は上を向きがちですが、フットワークを移すときには、足を乗せたいホールドをしっかりと目で見て、乗せるべき1点へ正確に動かすようにします。一度で決まらずに、何度も乗せ直せば、それだけ時間がかかります。腕にかかる負担もその分だけ増えてしまいます。

　36ページから3つのフットワーク方法を解説していますが、初級者はまずは厚みのあるホールドに乗せることから練習しましょう。厚みのあるホールドで、力の入れ方のコツをつかみ安定させられるようになったら、薄くて小さいサイズのホールドでも乗せられるように練習していきましょう。

ココをチェック！ Check　シューズの中身は！？

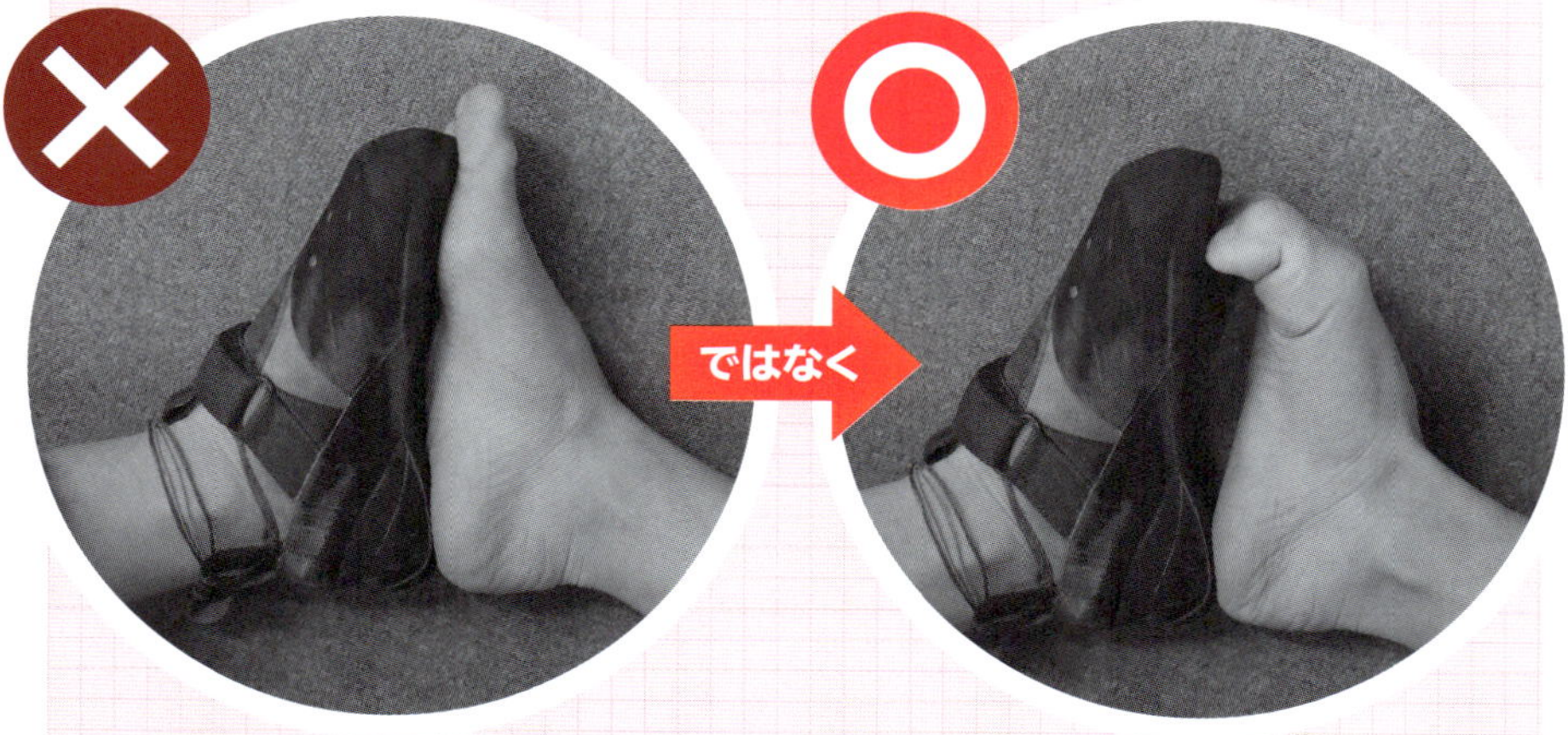

クライミングシューズの中で足指は曲がっている。この指の屈曲でホールドを「つかむ」イメージでフットワークをする

シューズの選び方

足指を鋭角に曲げて履くほど、足裏の足底筋が使えるので有利な面はある。しかし窮屈で足が痛くなってしまっては意味がない。「初心者はムリをしない範囲」で選ぼう。特に新しいものは固いので、少しずつ足に馴染ませていこう

シューズの種類

オールラウンドタイプ。初心者におすすめ

より先端の細かいホールドに乗れるタイプ

カカトからつま先までまっすぐのストレートタイプ。初心者向け

シューズの先が親指側に曲がっているターンインタイプ。親指側のエッジを使いやすい

クライミングシューズには、いろいろなタイプがある。中・上級者になると、課題に適したものを選べるように何パターンか用意することも考えよう

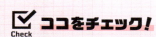

フットワーク①

インサイド ～足の内側を使う～

足の親指でホールドを
つかむように乗り込む！
5.10b
POINT
角度によってはヒザがぶつかりやすくなるので、足を乗せる角度を調整して、ホールドに乗せるようにする

シューズの内側をホールドに乗せる

シューズの先端よりも内側をホールドに乗せるのが、インサイド・フットワークです。ホールドが大きければ、ある程度アバウトに乗せても安定させることができます。しかしホールドが小さくなると、シューズのエッジをホールドと壁の間に食い込ませるようにする必要があります。親指はシューズの中で小さく折りたたんでいますので、その親指でホールドをつかむようなイメージで乗り込みましょう。

PART 1
スポーツクライミングの基礎知識

フットワーク②

アウトサイド
～足の外側を使う～

小指以外の力も借りて
強度を増そう！
POINT
シューズによっては、インサイド向きや、アウトサイド向きがある。使い分けられるようになるまでは、万能なタイプが履きやすい

シューズの外側をホールドに乗せる

カウンターバランス系のムーブをするときなどは、足の外側をホールドに乗せるとスムーズになります。これがアウトサイドです。小指は親指よりも力が弱いので、中指や第四指の力も借りるつもりで、小さくたたんだ指でホールドをつかむようにして、保持力を高めます。カカトが下がると摩擦が小さくなってしまいます。ホールドを取りに行くときに、カカトを持ち上げるとスムーズです。

フットワーク③

スメアリング
～足の裏を使う～

POINT
ホールドのない壁を押すのもスメアリングの技術。足裏の面を壁に押し付けるだけで、ムーブが安定したり、楽になることがある

急斜面でも工夫して十分な摩擦力を得る

ホールドの形状がスロープやボリュームで、面に足を乗せられるときは、足裏の摩擦力を利用してフットワークします。傾斜角度が緩ければ、摩擦力はそれほど気にしなくても大丈夫。しかし斜面の角度が垂直に近づくほど高い摩擦力が必要になります。足を面に強く押しつけるようにします。もしホールドの面に小さなくぼみや、傾斜のなだらかな部分があるなら、そこで摩擦を増すようにしましょう。

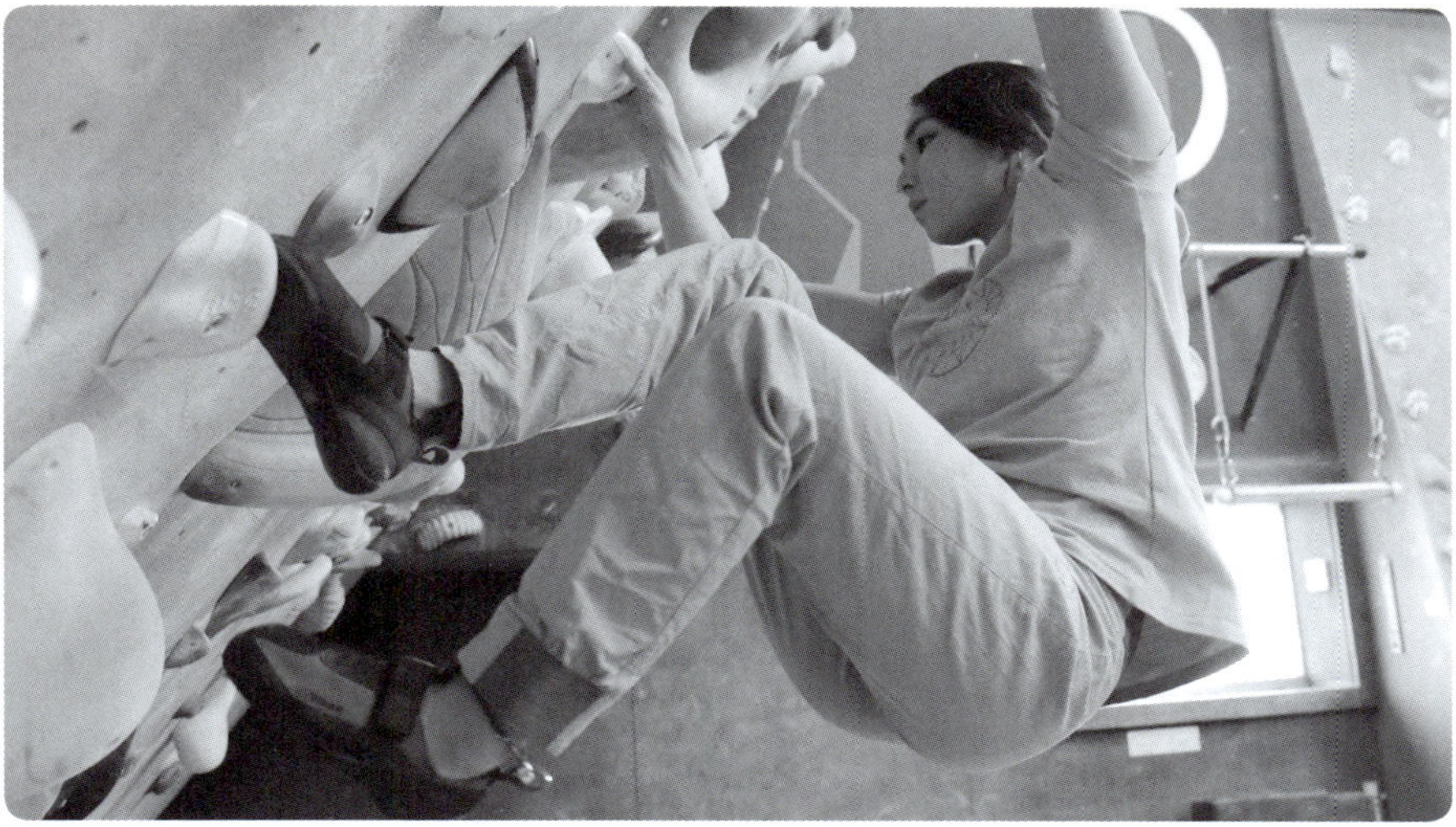

フットワークにはこんなポイントがある!

POINT 1 初心者こそ「点」で乗せる意識で!

足の裏は面なので、ホールドにも面で乗ってしまいがち。しかし初心者の簡単なコースから「点」で乗るつもりで練習しよう。スメアリングも漠然と乗せるのではなく、「どこに」を意識すること

POINT 2 様々な部分で乗れるように!

インサイド、アウトサイド、スメアリング、トゥ、ヒールなどを適切に使い分けられるようになると、1点ではなく様々なところで乗れるようになる。そうなれば、ムーブの可能性がグッと広がる

POINT 3 カカトを下ろして休む

カカトを上げたままだと、すぐにふくらはぎに疲労がたまってしまう。ホールドに乗せるときはカカトを下げ、次のホールドを確認するときも下げたまま。取りに行くときに必要ならカカトを持ち上げるようにして、力をセーブしよう

ムーブの基本

ムーブでは手や足を離して次のホールドを取りにいく

重心を移動させて楽に登ろう

　両手でホールディング、両足でフットワークしていれば、4点で壁に乗っておくことができます。物理的にはこれが最も安定した姿勢です。しかしこのままでは壁を登れませんから、どちらかの手か足を離して、次のホールドへ移動させなければなりません。

　このとき、一時的にバランスが崩れ、他の手や足に負荷がかかります。クライミングでは、無駄な力を消費しないことが重要なので、ムーブのときに効率の良い身体の使い方をすることが大切となります。

　シーソーを思い浮かべてみてください。たとえば体重50kgと30kgの人で遊ぶとき、同じ位置に乗ったのではシーソーは動きません。そこで50kgの人が支点に近づき、30kgの人が支点から離れます。こうするとバランスが取れて、シーソーは上下へ動くようになります。つまり支点から離れるほど作用点で働く力は大きくなり、支点に近づくほど作用点の力は小さくなるのです。

　これをクライミングに当てはめてみましょう。図1で次のホールドを取りに行くとき、重心が支点から遠いと、左手にかかる負担は大きくなります。そこでまずは重心をできるだけ支点に近づけて、足の力も利用した方がより楽に手を伸ばせます。

　同じ理由で、図2のように腰が壁から離れると、手にかかる負担は大きくなります。腰を壁に近づけて腕を伸ばしたほうが楽なのです。

　クライミング中は、常に重心と支点が移動しますが、このときバランスが保たれているかどうか、支点に楽に乗れているか、といったことを考えることは重要なのです。

効率良く登るためには重心と支点の関係を知ること

図1 重心を支点に近づける

次のホールドに重心を乗せて行くときに、支点から離れているとたくさんの力が必要になる。できる限り支点に近づいてから重心を乗せていけば、楽に次のホールドを取れる

図2 腰を壁に近づける

壁から腰が離れるほど、腕や足に負担がかかる。股関節やヒザを曲げて腰を壁に近づけ、腕を伸ばして、筋力を使わずに保持した方が楽だ

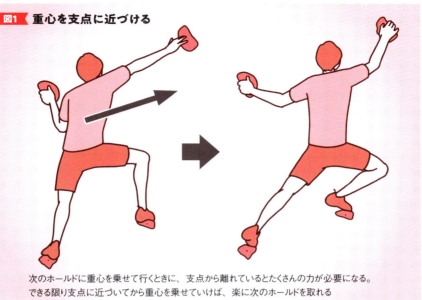

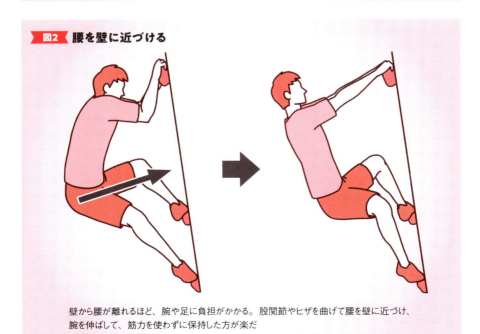

3点支持

3つの手足で支持して次のホールドを取りにいく

初級レベルなら3点支持で完登を目指す

手や足で壁を保持していることを支持と言います。クライミングでは、基本的に支持数が多いほど姿勢が安定すると考えられます。当然のことですが、両手と両足の4点でホールドを支持していれば、もっとも安定するのです。

しかし4点支持のままでは壁を登ることはできません。そこで最低でも1点はホールドから離して、次のホールドを取りにいかなければなりません。1点がホールドから離れた状態を、3点支持と呼びます。

3点支持のムーブも4点支持に負けないくらい安定しています。横断幕を思い浮かべてみてください。4つの角のうち、右下や左下の結び目をほどいても、重力の影響は受けないので、めくれてしまうことはありません。残りの3か所のどこかに極端な負担がかかることもありません。しかし、これが2ヶ所になると垂れ下がったり、1か所にかかる負担が大きくなったりするのです。

3点支持には、2つのパターンがあります。1つ目は、両手とどちらか片方の足でホールドを支えておいて、もう一方の足を動かす方法。2つ目は、両足とどちらか片方の手でホールドを支えて、もう一方の手を動かす方法です。クライミングでは、最も重要な基本動作となります。初心者はまずは常に3点で支持できていることを確認しながら、慎重に登ってみましょう。常に両手か両足はホールドを保持したまま、残りの1つで取れるホールドを探すのです。クライミング技術が身につくと、3点支持を軽視しがちです。しかし使えるところでは3点支持することで、力をセーブできます。

3点支持のムーブ

ココをチェック!
Check

3点支持がすべての基本

①使えるところでは3点支持を使う

クライミングがいくら上達しても、3点支持は大切なテクニックだ。2点で登れる簡単なルードだからといって、2点だけで登ろうとすると、すぐに疲れてしまう。使えるところではしっかりと3点支持を使うことが大切だ

②正三角形を作る

3点支持でできる三角形が、正三角形に近いほど楽だし、安定する。手足を動かすときは、どこに動かせば正三角形に近づくかを考えてみよう

③対角の手足を順番に動かす

3点支持で登る場合、右手を動かしたら次は左足。そして右足を動かしてから左手というように、対角にある手足を順番に動かすと安定して登れる

④ホールドがなくても3点支持はできる

乗せたい場所にホールドがないことがあるというようなとき、ホールドではなく壁をスメアリングした方が、理想的な三角形が作れて、無理にホールドに乗せるよりも楽なことがある。臨機応変にムーブを考えられると、クライミング技術は飛躍的に上達する

2点支持

2点支持でバランスを保って楽に次のホールドを取る

2点支持には3つのパターンがある

3点支持がマスターできたら、次は2点支持です。基本的にクライミングは2点支持と3点支持のテクニックを駆使して登っていきます。

3点支持のところで、横断幕を例にして説明しましたが、2点支持は不安定です。横断幕の右側2か所だけで結んだとき、左側は垂れ下がり、同時に右上の結び目だけに過度な負担がかかります。

クライミングでも、身体が壁から離れやすくなり、握力や腕力にかかる負担が大きくなるのです。このためバランスを保つために身体の使い方を工夫しなければなりません。

状況によっては両手だけの2点支持や、両足だけの2点支持もありますが、それは特殊な場合です。ここでは片手と片足の2点支持について説明していきます。手足の2点支持は、カウンターバランスと呼ばれ、ダイアゴナル系とフラッギング系に分類されます。

カウンターバランスとは、物理的にバランスが崩れてしまう方向とは逆に重心が残るようにして、体勢を安定させるものです。支点を中心にして、重心を残したり、足を振ったりして左右の釣り合いを取ろうとします。

カウンターバランスの1つであるダイアゴナルは、対角の手足でホールドを取って、身体をひねって腰を壁に近づけるようにします。

もう1つがフラッギングです。右手と右足、左手と左足というように、同サイドの手足で保持し、足の上に重心が乗るようにします。ただこれだと身体が安定しないため、空いている方の足でバランスを取るようにします。

カウンターバランス

1 ダイアゴナル

対角の手足でホールドを保持することを、ダイアゴナルという。ダイアゴナルは、身体をねじって腰を壁に近づけると安定しやすい。ホールドの位置によっては楽な姿勢になるので、レストもできる

2 フラッギング

フラッギングは、乗せてない足が外に出るものをアウトサイドフラッギング、内側に入れるのをインサイドフラッギングという。インサイドフラッギングは、安定するのでレストするときに有効な2点支持だ

Check ココをチェック!

フラッギングの応用テクニック

ポゴ（サイファー）

フラッギングしていて次のホールドが遠いときに、浮いている足を数回振って、勢いをつけてから取りに行くテクニックを、ポゴ（サイファー）と呼ぶ

ムーブ①

ダイアゴナル

身体をねじることで腕の引きを少なくできる

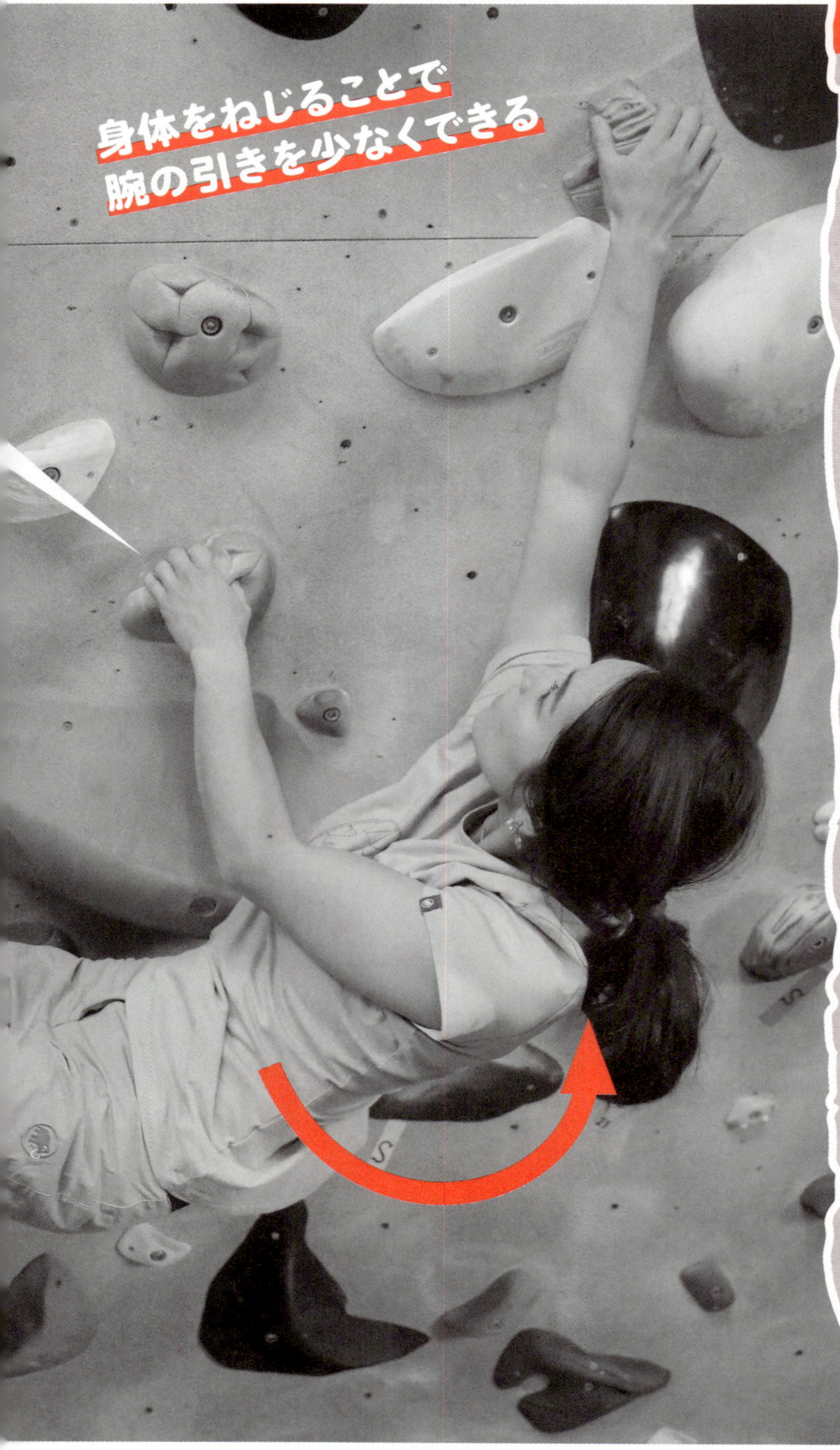

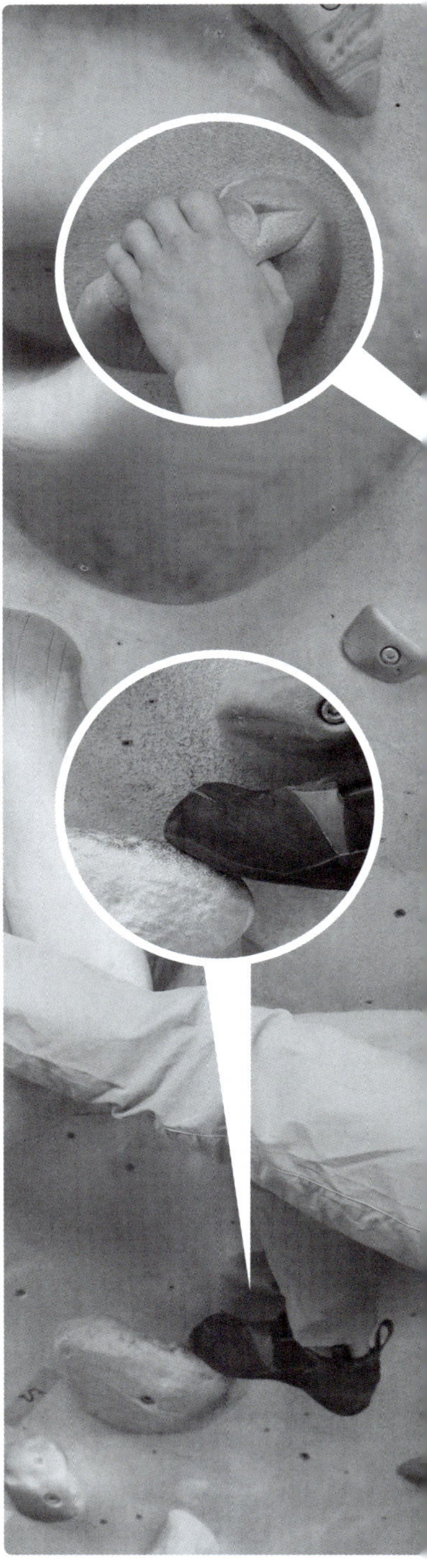

使用頻度が高く基本となるテクニック

ダイアゴナルとは、右手と左足、左足と右手というように、対角となる手と足の2点支持でバランスを保つ方法です。対角の手足を支点にしているので、残りの手足も対角的にバランスを取って、安定させることができます。ダイアゴナルはクライミングの中でも使用頻度が高く、2点支持の基本となる大切なテクニックです。

ダイアゴナルのフットワークは、インサイドで乗る方法と、アウトサイドで乗る方法があります。状況に応じて使い分けられると、より効率の良いクライミングができるようになります。

インサイドで乗るパターンは、保持しているホールドと、次に取りたいホールドの間にフットホールドがある場合に有効です。壁に対して身体は正対して、フットホールドに体重をしっかりと乗せるようにします。

反対の足は、ホールドがあるなしに関係なく、壁を押すようにすると、身体が振られるのを抑えられて、安定感が得られます。

アウトサイドで乗るパターンは、次に取りたいホールドに対して、保持ホールドよりもフットホールドが遠い場合に有効です。腰をひねって、次のホールドを取りに行く手と、対角にある足を逆側に伸ばしてバランスを取ります。次のホールドが遠いほど、上半身が投げだされるような形になります。

頭が下がるのを怖がって、腕を曲げて腕力で持ち直そうとすると、すぐに握力や腕力が疲労してしまいます。腕はできるだけ伸ばして、重心と支点の距離を縮めて、バランスで保持することを意識しましょう。

ムーブ②

フラッギング

足を踏み変えないので
動作は少なくて済む！

Check ココをチェック！

ホールドに乗せた足の力を使う

ホールドに乗せている方の足の力を最大限使うことが重要だ。壁に近づこうとして、どうしても手の力を使いたくなるが、浮いた足でバランスを取れていれば、腕力はできるだけ使わない。次のホールドを取りに行くときも、ホールドに乗せた足に体重を乗せて行って、身体を伸ばすようにする。

浮いた足でしっかりバランスを取る

右手と右足、左手と左足というように、平行した手足でホールドすると、身体が壁から離れやすくなります。壁に一枚板をドアのように取り付けたところを想像してください。自然に開いてしまいます。そこで保持していない方の足で逆方向にカウンターを入れます。腰をひねって、保持している手足のホールドの反対側へ伸ばすのです。ホールドがあればそれに触れてもいいですし、ちょうどいいのがなければ、壁をつま先で軽く押します。これがフラッギングと呼ばれるテクニックです。

フラッギングには、アウトサイドフラッギングとインサイドフラッギングがあります。これは反対へ伸ばす足を身体のどちらを通すかで決まります。身体と壁の間から通せば、インサイドフラッギング。身体の後ろから伸ばせば、アウトサイドフラッギングです。

保持している手足を結んだラインの左右でバランスを取るという仕組みは、ダイアゴナルと同じで、どちらもカウンターバランスに分類されます。

フラッギングは、ダイアゴナルと比較すると、足の踏み替えが少なくて済むという利点があります。たとえば壁と正対している状態から、次に右手の先にあるホールドを取りに行くとき、フラッギングなら右足でカウンターを入れるだけで済みます。しかしダイアゴナルにするためには、左足の位置に右足を乗せるという、足の組み替え作業が必要なのです。ダイアゴナルと比べると、右手を伸ばせる距離は短いですが、握力や腕力の温存という点では有利なので、使い分けられるようになりましょう。

ムーブ③

ヒールフック

足の力で重心を安定することができる

　現代クライミングでは、必須と言えるテクニックで、カカトをホールドに引っ掛けて使うのが、ヒールフックです。足首を伸ばしてカカトにカーブを作って、そこをホールドに引っ掛けます。

　これまで紹介してきたムーブでは、足は腰よりも下で使いました。しかしヒールフックは腰よりも高くまで持ち上げて使うことが多くなり、足の力でぶら下がっている体勢になることも多いです。柔軟性や筋力にもよりますが、カカトを引っ掛けるのなら、頭の上にあるホールドでも可能です。

　腰から足を使ってカカトを引っ掛けたら、腰から身体を引き上げて行きます。脚力は腕力よりも強く、疲労しないので、とても有効なムーブです。

　腰を引き上げて行くとき、重心を支点に近づけていくと、足に体重がよく乗って安定します。腰の引き上げが不十分なままで、手を使おうとすると重心が再び手の側にかかりやすいので注意しましょう。

　身体を引き上げる他に、ホールドに引っ掛けることで身体を支えておくという使い方もできます。

　カカトを乗せるためには、ある程度厚みがなければなりません。また保持力は力をかける方向に対するホールドの形状次第です。ある程度のくぼみがあると楽ですが、最低でもフラットな面でなければ滑ってしまいます。

　またカカトは手やつま先と比べると感覚が鈍いので、触れただけではホールドの形状を細かく認識できません。股関節を内旋や外旋させて、つま先を壁に近づけて内股気味にしたり、外へ向けてガニ股気味にしたり、足の裏面を壁に向けたりしながら、安定するところを探すという作業が必要なこともあります。

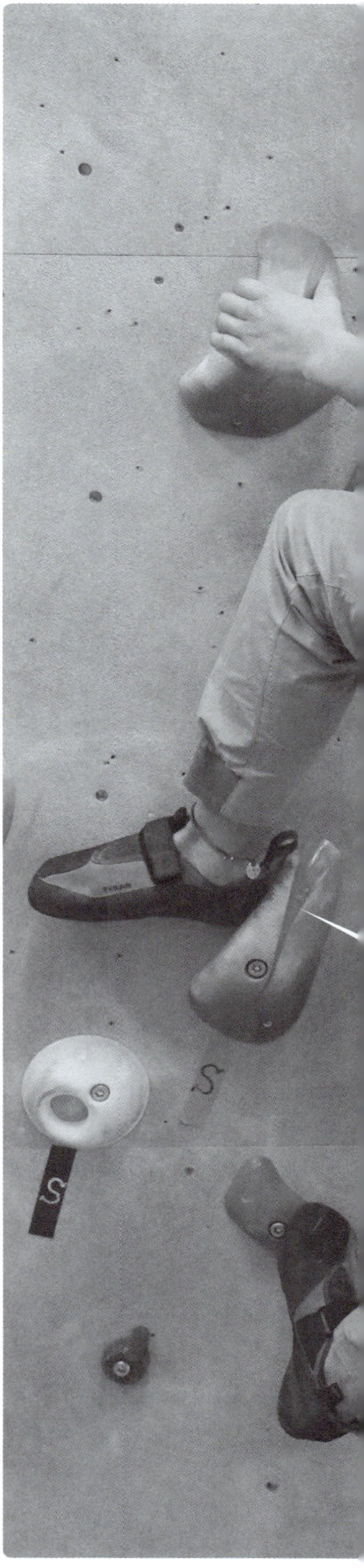

ムーブ④

トゥフック

足首を鎌のようにして
ホールドに引っ掛ける！

POINT
2点支持で、ただ足を浮かしているのはもったいない。トゥフックができそうな位置にホールドがあるなら、積極的に使っていきたい。3点支持の方が身体は安定するし、腕も楽になる

トゥフックに向いているシューズを選ぶことも重要

足首を曲げて足の甲の側にフックを作り、ホールドに引っ掛けるのがトゥフックです。トゥとはつま先のことですが、足の甲までホールドに掛けて使うと確実に保持できます。

足首を曲げるのはスネの筋肉ですが、太ももまで使うとより強いフックができます。このためヒザは曲げるよりも伸ばした方が有効です。

多用するなら甲の側にも滑り止めがある、トゥフック向きのシューズを選ぶことも重要です。

PART 1
スポーツクライミングの基礎知識

ムーブ⑤

プッシュ

POINT
プッシュするときに腕を曲げると腕力を使ってしまう。腕はできるだけ伸ばすようにする。また指先を内側に向けてホールドに乗せると、腱や関節に変な負荷がかかってしまう。できるなら外旋で使うようにする

手よりも足の力が強いことを頭に入れよう

手の平でホールドをプッシュして、その対角にあるホールドを足で押して、バランスを取るといった使い方が一般的です。ただし手よりも足の力の方が強いので、どれだけ足の力を入れるとバランスが取れるかという調整が必要になります。

指先を開く外旋の使い方は、保持の安定感もあって力も入りやすいですが、指先を内旋させたとき、肩関節に過度な負担がかかりやすいので注意しましょう。

Column 1

「かち持ち」に頼らず腱に負担をかけずに登る！

フルクリンプでホールディングするとき、人差し指の上に親指を重ねることを「かち持ち」と言います。親指で横からも支えるので、保持力と安定感が増します。

かち持ちは極小のホールドで威力を発揮しますが、本書では紹介しませんでした。それは、腱に大きな負担がかかるからです。

クライミングを覚えたばかりの初心者や、身体の未発達な子どもたちがかち持ちを覚えると、筋肉が疲労してきたときに、使う必要のない場面でも使いたくなります。クライミング中は、落ちたくないという意識が強くなるため、辛いときにかち持ちに頼ってしまうのです。しかし大事なことは、もっと楽に登るテクニックを身に付けたり、筋力や持久力をつけたりすることです。それを飛び越して、腱に負担をかける登り方をするのはよくありません。まずは、かち持ちに頼らずに、オープンクリンプなどで登る習慣をつけてほしいと思います。

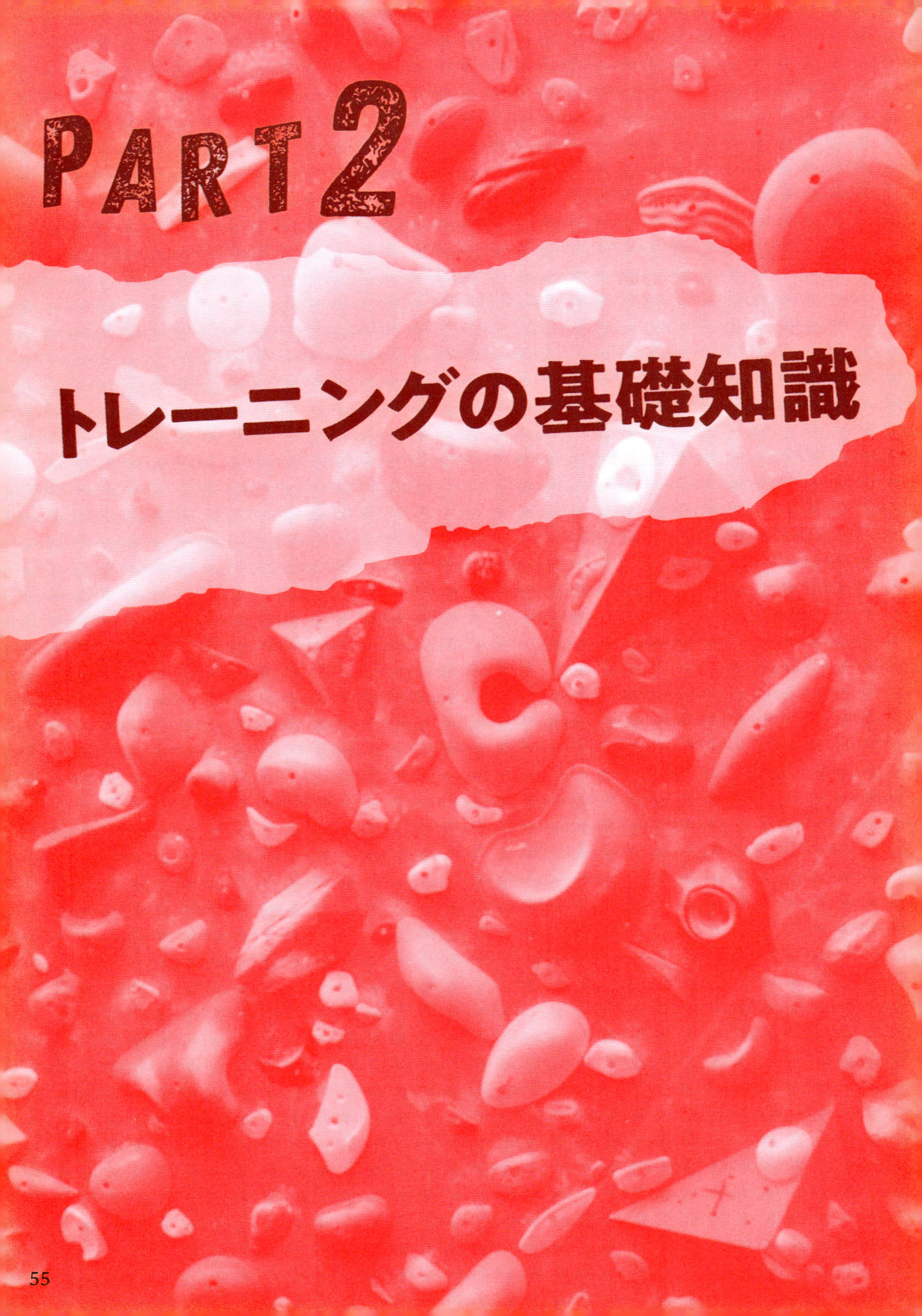

PART 2

トレーニングの基礎知識

トレーニングの考え方①

自分に合ったトレーニングをすれば強くなる！

自己分析して練習計画を立てる

「トレーニングをすれば強くなる」。多くの人がそう信じていると思いますが、これは正しくありません。正しくは「自分に合ったトレーニングをすれば強くなる」です。トレーニングを始める前に、これだけは確認しておいてください。

トップクライマーたちは自分の弱点をよく知っています。それこそが次に取り組むべきトレーニングの課題だとわかっています。弱点を克服しようと日々励んでいます。だからこそ強いのです。

トレーニングは苦しいものですから、やったからには、最大限の成果を手にしたいものです。しかしプランも立てずに、ただトレーニングをしたのでは、効率がよくありません。トレーニングの戦略について考えていきましょう。

まずやらなければならないのは、自己分析です。自分の弱点はどこにあるのか？ その弱点を補うトレーニングこそ、自分がやるべきトレーニングということになります。

そしてそのトレーニングをどのように、どのくらい行うか。これがプランニング（計画）です。ここまでできて、ようやくトレーニングに取り組みます。

成果が得られていないトレーニングをいくら続けても、意味はありません。トレーニングを実行したら、その成果を分析し、必要なら修正をすることも必要になってきます。

クライミングを始めたばかりの初心者なら、ただ壁を登っているだけでも、一定のグレードまでは到達できるでしょう。しかしそこからさらに上を目指すとき、トレーニング計画は不可欠なのです。

強くなるトレーニングとは何だろう？

✕ 頑張って
トレーニングをする
＝
強くなる
➡ 間違い！

◎ 「自分に合った」
トレーニングをする
＝
強くなる
➡ 正解！

「トレーニングをやればやるほど強くなる!?」 トレーニングは苦しい思いをするだけに、そう思い込みたい気持ちもわかる。しかし大事なのは、そのトレーニングが「自分に合っているか」。そこの見極めは強くなる秘訣だ。 特別なトレーニングをすれば強くなるということはない。 クライミングは登ること自体がトレーニングになる

Check ココをチェック！ トレーニングはこんな手順で！

①自己分析をする ➡ ②トレーニングプランを立てる ➡

③トレーニングをやる ➡ ④結果をチェックする ➡

⑤（必要があれば）内容を修正、変更

①～⑤を繰り返すことで強くなる

トレーニングの考え方②

チェックシートを使って自己分析をする

クライミングを振り返って弱点を見つけていく

自己分析は、自分のクライミングを振り返って、弱点を見つけていく作業です。自分のクライミングを振り返ってみたら、単純に「苦手だな」と感じるポイントがあるはずです。たとえば握ったホールドを横から内へ引くときに苦労するといったことです。またはフォールしやすいポイントも弱点です。それらを整理して、どういう点が不足しているのかを考えていきます。チェックシートを利用すると便利です。

弱点がわかれば何をトレーニングすればいいかがわかる!

弱点	トレーニング
筋力不足	上腕、前腕、握力の強化
柔軟性不足	股関節、手首、足首のストレッチ
持久力不足	長いルートで練習、課題に連続で取り組む
瞬発力不足	幅跳び、もも上げの基礎トレーニング
姿勢を保てない	体幹、腹筋、背筋の基礎トレーニング
ポケットを3本指なら引き付けられる	中指と薬指(2本指)の強化
パンプする	クライミング姿勢を見直す、レスト方法を見直す

定期的に自分の3種目のグレードをチェックしよう

自己分析チェックシートの一例（抽象的な部分は5段階で評価）

チェックポイント		選手	コーチ
インドアジム	RPレベル		
	OS レベル		
岩場	RPレベル		
	OS レベル		
身体能力	体幹の強さ		
	下半身の強さ		
	柔軟性（上肢）		
	柔軟性（下肢）		
	肩の強さ		
	脚力		
保持力	指の強さ		
	スローパー		
	ピンチ		
ムーブにおける最大パワーの発揮			
クライミングにおける持久力			
体重（除脂肪体重）			
身長（リーチの長さ）			
モチベーション	大会に対して		
	岩に対して		
	トレーニングに対して		
メンタル	判断力		
	決断力		
テクニック	フットワーク		
	重心移動のなめらかさ		
	ダイナミック		
	スピード		
	コーディネーション		
	ムーブの幅		
短期目標（3ヶ月～1年）			
長期目標（2年後～将来）			

選手とコーチでの評価を比べて話し合ってみよう

トレーニングの考え方③

トレーニングの強度は少し高めにし バリエーションを増やす工夫をする

確実にクリアできたら強度を上げていく

トレーニングの強度は高めに設定する必要があります。そして成長するに従って、徐々に強度を上げていきます。易しいトレーニングをいくら繰り返しても、狙い通りの成果は得られません。

ただしトレーニングを続けるモチベーションを保つためにも、限界の一歩手前にすることも重要です。難しすぎたら、臨機応変に少し易しくします。

クリアしたという喜びは、次へのモチベーションになります。そのためにも易しいものから難しいものへ取り組んでいくことも有効です。同じ理由で、たくさんのことを一度にやらないようにします。確実にできることを増やしていき、できたら次へ進むようにします。

トレーニングは苦しいものですから、バリエーションを増やして、精神的にも、身体的にも飽きずにやる工夫をします。また同じメニューばかりを続けていると、筋肉は慣れて発達が鈍くなります。逆に新しいメニューをやると、トレーニングに新鮮さをもたらす効果があります。

Check ココをチェック!

トレーニング強度の上げ方

①セット数を増やす
いきなり何セットもやるとケガにつながる。ムリせずに少しずつ増やしていく

②時間を長くする
同じトレーニングを繰り返すのではなく、何種類ものトレーニングを行う

③休憩を短くする
疲労が抜けないままでのトレーニングを続けることで、回復力が向上する

④負荷をつける
1回だけできるものをやるよりも、3回以上できるものからスタートする

トレーニング効果を高める3要素

1 トレーニング内容

2 食事（栄養）

3 適切な休養

食事（栄養）

ウェイトを気にしすぎて食事制限をするのはよくない。特に炭水化物を抜きがちだが、エネルギーが不足してトレーニングすれば、身体に支障が出ることもある。バランスよく食べることが大切で、特に筋肉の元になるたんぱく質は積極的に摂取したい。またトレーニング後は、できるだけすみやかに食事をして、夜のトレーニング後はバナナ、栄養ゼリーなどの補食も。

トレーニングの考え方④

「時間」と「量」と「質」を考えてトレーニングをする

ダラダラとやるよりも時間を区切って集中する

トレーニングを計画し、実行するとき「時間」と「量」と「質」を考えることはとても重要です。「決められた時間内に、登るべきグレードのルートを、最適な本数こなす」と計画するのです。

「時間」については、大会の競技時間と、練習時間という2つの意味合いがあります。ボルダリングの競技時間は4～5分。リードは6分です。このタイムを普段から意識できるトレーニングを組んで、時間を身体に沁み込ませるのです。また練習時間は区切って、その中で効率よく、力を出し切ってやることが大切です。ダラダラと意味のない時間を過ごすのなら、早く切り上げてリフレッシュにあてた方がよほど有益です。自身のマックス・グレードにトライするなら、本数を減らします。これが「量」という側面です。

現在取り組んでいるのが、ウォームアップなのか、マックス・トライなのかによって強度を調節するのが、「質」ということです。マックス・トライなら「この1本」に集中して、モチベーションを高めて行います。

Check ココをチェック!

トレーニングの意味合いが変わる

1 10本のルートを1時間で登る
▶▶▶ 技術力（エンデュランス）のトレーニング

2 10本のルートを2時間で登る
▶▶▶ マックスパワーエンデュランスのトレーニング

1 マックス・グレードを3本
▶▶▶ 集中して、モチベーションを高くマックスパワートレーニング

2 易しいグレードを3本
▶▶▶ ウォームアップとして

トレーニングは3つのことを理解しておく

時間×量×質

「時間」は何分間で登るか、「量」は何本登るか、「質」はどのグレードを登るか。この3つを考えてトレーニングを組むことによって、効率と成果を上げられる

リードトレーニングのポイントや考え方

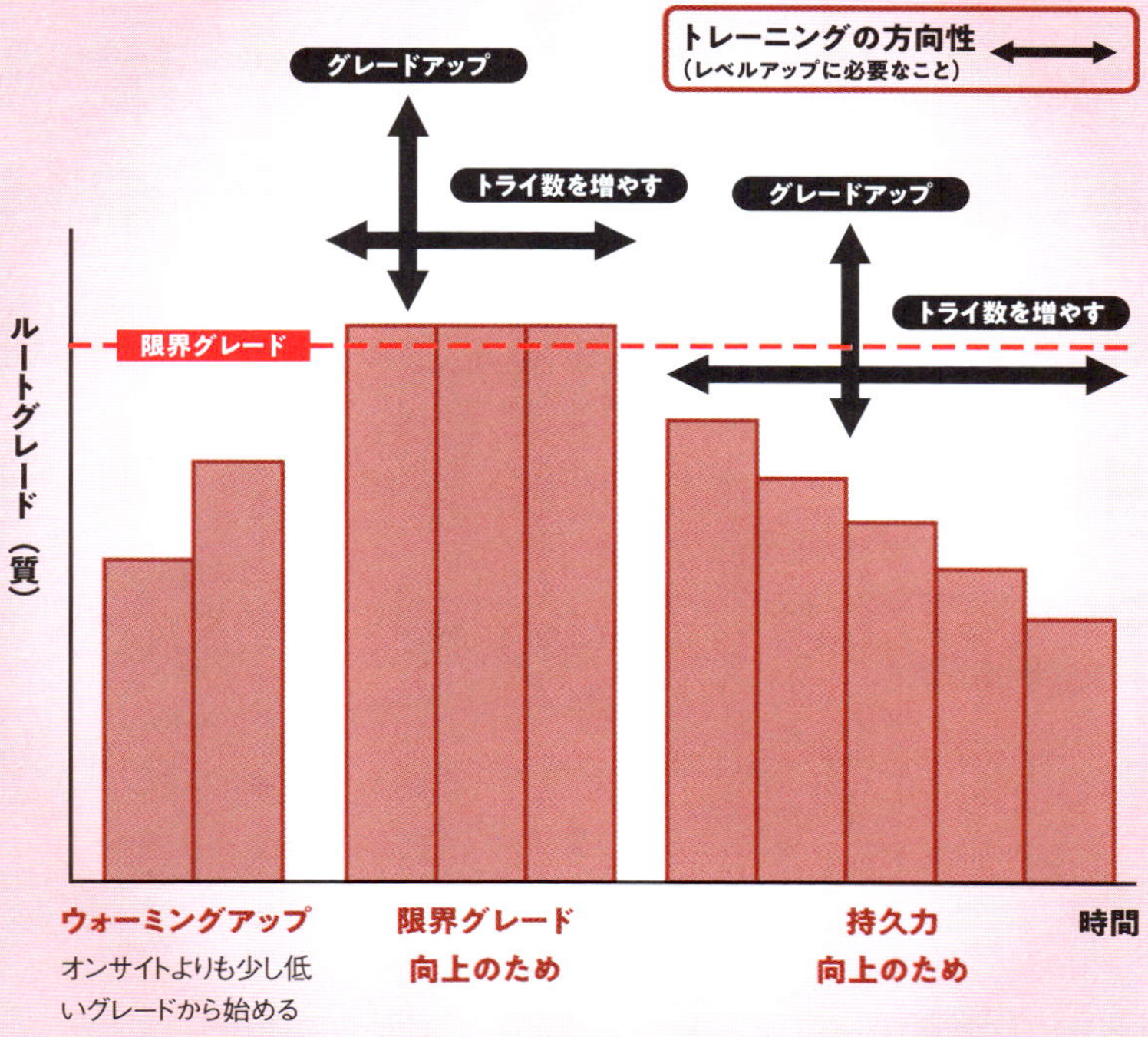

トレーニングプラン

1年を振り返って現状を分析し次の目標達成のプランを立てる

チェックシートを使って客観的に分析する

トレーニングプランは、1年間のスパンで計画します。このとき過去1年間の成績を振り返って、自分のクライマーとしての現状を分析することが大切です。そして次のシーズンで行われる大会の情報を整理して、どの大会を最大の目標とするかを決めます。その大会でどんな成績を残すのが目標かがわかれば、何をどれくらいやればいいかが見えてきます。このときチェックシート（P59）を使って客観的に分析します。注意しなければならないのは、目標は達成可能でなければならないこと。明らかに達成不可能な目標を立てても、トレーニングに取り組むモチベーションを保てません。

また選手が立てた目標に対して、そのトレーニングプランがずれていたり、見合っていなかったりしたら、コーチやトレーナーがアドバイスしてあげる必要があります。選手はどうしても習慣に陥りやすいため、コーチによる客観的な視点はとても重要です。そのためにも普段から選手と認識を共有しておきましょう。

Check ココをチェック！

情報には貪欲になろう

1 新しいトレーニング法はないか？

自分に合ったトレーニングならすぐにでも取り入れたい。バリエーションを増やすことにもつながる

2 出場する大会のレベルはどのくらい？

励みとするためにも大会でよい成績を残したい。そのためにも、その大会のグレードはどのくらいかを知る

自分の最終目標はどこ?

目標とする大会、グレード、選手などを具体的に挙げる

↑

自分はいまどこにいる?

自分のグレードは常に把握しておく

↑

チェックシートを活用する

主観ではなく客観的に分析すれば
納得してトレーニングに取り組める

プラン作成のポイント

トレーニングのプラン

前年のトレーニングを
見返して整理する

↓

成果、反省点を整理して
今年のトレーニング計画に
役立てる

↓

トレーニングの強度、
回数などは的確だったか?

大会のプラン

前年の大会を振り返る

↓

今年出場する大会選びの
参考にする

↓

大会のレベルは
自分に合っていたか?

トレーニングプランの実例

自分の生活環境を考慮してトレーニングプランを立てる

限られた時間を有効活用する

練習できる時間や、トレーニング環境は、人それぞれ違います。トレーニングプランは、選手の生活を考慮して工夫しなければなりません。

時間は限られています。体調を維持するためには適切な睡眠時間を確保しなければなりませんし、学生なら学校が最優先されます。家族や友人と過ごす時間も大切です。それ以外の時間を練習に充てることになります。

練習時間の短縮の一例として、テク

プランニング例

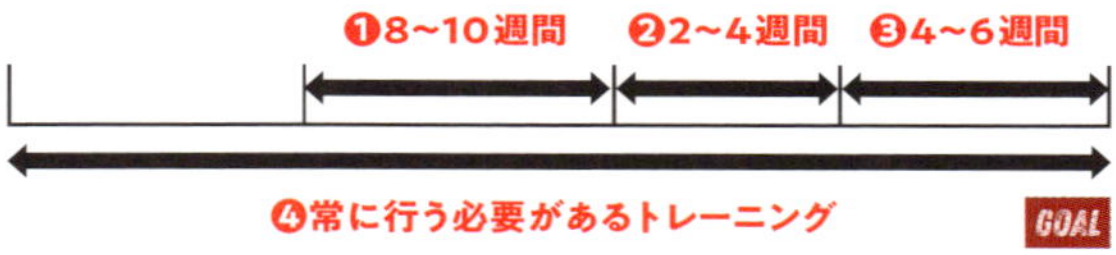
❶8~10週間
❷2~4週間
❸4~6週間
❹常に行う必要があるトレーニング
GOAL

❶8~10週間

これらをアレンジして行い筋肥大させる

◎ビルドアップトレーニング　→週2~3回
◎マックスパワートレーニング　→週2回
◎テクニックトレーニング　→ウォーミングアップに含ませてOK

❷2~4週間

◎パワーエンデュランストレーニング　→週３回（20~35手の難しめのルートを選ぶ）

❸4~6週間

選手の様子を見てトレーニングの配分を調整する

◎マックスパワートレーニング　→3~10手を意識する
◎エンデュランストレーニング　→20~35手以上を意識する

❹常に行う必要があるトレーニング

選手の様子を見てトレーニングの配分を調整する

◎ベーシック・エンデュランストレーニング
持久系のクライミングはすべての期間を通じて行う
簡単な持久系クライミングは、リフレッシュの意味を含めて毎日行ってもOK

ニックトレーニングを、ウォーミングアップに入れる方法があります。テクニックはフレッシュな状態で取り組んだ方が身につくものです。あえてウォーミングアップの時間を割かなくて済むものなのです。

　またエンデュランス系のトレーニングを、ピリオダイゼーション（P106）の期分けの1つとして行うのではなく、日常的に取り入れることもできます。簡単な持久系のクライミングをすることで、心身ともにリフレッシュできるという効果もあります。

　練習環境は選手によって違います。トレーニング器具があるなら、それで何ができるのか。トレーニング器具がなければ、それをどのように補うのか。自分が置かれた環境で最大限の効果を上げるためのプランを立てる必要があるのです。

リードの大会へ向けたプランの一例

◎目標とする大会に向けてプランを設定
◎各選手の目標とする大会は違うため、プランはそれぞれ

トレーニングプラン例

1
11月
12月
1月
2月
3月
4月
5月
6月
準備
マックスパワートレーニング
エンデュランストレーニング
トレーニングはここまでに終了
大会
2
11月
12月
1月
2月
3月
4月
5月
6月
準備
マックスパワートレーニング
エンデュランストレーニング
トレーニングはここまでに終了
大会
3
11月
12月
1月
2月
3月
4月
5月
6月
7月
準備
マックスパワートレーニング
エンデュランストレーニング
大会
マックスパワートレーニング
テクニックトレーニング
大会トレーニング
問題点をチェックする
トレーニングはここまでに終了
大会

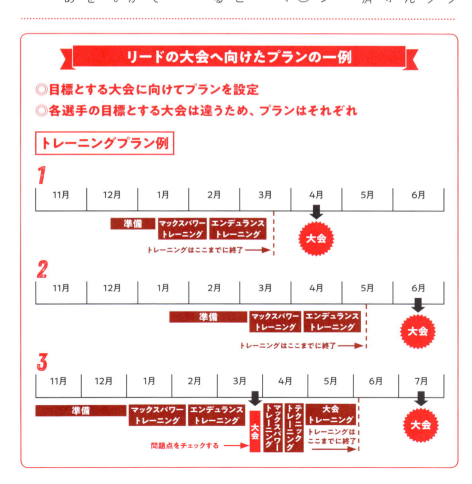

トレーニングメニューの作成

トレーニングメニュー作成は「時間」「量」「質」まで考慮する

回数や頻度、練習時間バリエーションなども

トレーニングメニューは、「時間」「量」「質」まで考えて作成します(P62)。3つを独立したものとして説明しますが、お互いに関係し合っている側面があることも頭に入れておいてください。

まず「時間」について。1回の練習時間は一般的に2~3時間ですが、最適なのは何時間なのか。また練習の総時間は同じでも、練習中にレストタイムを何分取るかによって、実時間が変わってきます。レストタイムを考えるとき、フィジカルトレーニングでは長めに、エンデュランストレーニングでは短めにする必要もあります。またトレーニング単体では、ボルダリングを考慮して5分程度を目安にすることで実践的なものになります。

次に「量」について。実力が違えば、最適な量が変わってきます。同じメニューを同じ回数やっても、ある人にとっては最適な量だったとしても、別の人にとっては物足りないということもあります。

最後に「質」について。同じ練習を繰り返していると人間はどうしても飽きるものです。飽きるとトレーニングに対するモチベーションは下がってしまいます。たとえ気持ちでは飽きていないつもりでも、同じ動作を繰り返していると身体や筋肉への刺激は弱くなります。高い刺激を持続するためにも、練習にはバリエーションを持たせたり、定期的に見直したりして、質を確保しなければなりません。

また特に女性クライマーは、スタティックな動作が多くなりがちです。あえてダイナミックな動きを入れて、練習の効率を上げて行きましょう。

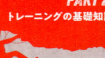

時間　トレーニング時間を調整する
（休憩時間は含まない）
➡ 最適な練習時間はバランスを見て考える

量　登る本数、セット数などを調整する
➡ 実力によって最適な練習量が変わってくる

質　登るルートのグレードを調整する
トレーニング強度を調整する
➡ 練習にバリエーションをつける

トレーニング結果の分析

よりトレーニングを効果的、効率良くするために定期的に見直す

モチベーションは効果に大きく影響する

トレーニングの結果を分析して、定期的にトレーニングを見直します。このとき「時間」「量」「質」まで考慮します（P62）。もちろん効果が出ているところはそのまま継続します。しかし効果が出ていなかったり、方向性が違っていたりしたら、正しい方向へ修正する必要があります。

またトレーニング強度が合っているかも、見直す際の重要なポイントです。これを行うことによって、より効率良く、高い成果を得られるようになります。

数日単位、週間単位で見直すのが一般的ですが、1回のトレーニングのなかでも修正できます。人間ですから、気持ちが乗らない日もあります。逆に疲労がたまっていて軽いトレーニングを計画していたとしても、いざトレーニングを始めると気持ちが乗ってくる人もいます。性格、状況などを見極めて、臨機応変に対応していけるのがベストです。

モチベーションは、トレーニング効果に大きく影響します。トレーニングに前向きに取り組めていなければ、いくら良いトレーニングをしていても、効果は得られにくいのです。もしモチベーションが下がっていたら、原因を特定して、それを取り除くことも必要です。必要なら数日～1週間クライミングから離れて、リフレッシュしてみましょう。

トレーニング期に大会に出場するときは、トレーニングの一環として位置づけます。まだトレーニングの半ばですから、結果や成績で一喜一憂するのではなく、その後のトレーニングの方法や方向性の材料としましょう。

トレーニングで考えることを楽しもう!

1 弱点を分析

自分の弱点を自分で分析して、トレーニングをする。その成果が形になって表れることは、クライミングをやる喜びのひとつだ

2 客観的に分析

ときには他者に分析してもらうことも重要。自分の目とは違った、客観的な評価をしてもらうことで、自分の視野も広がる

3 プランの見直し

見直しのスパンは、3カ月、6カ月、1年など。筋力などは3カ月で成果が表れるもの。プランの見直しは6カ月、1年くらいの長いスパンで行う

モチベーションを回復する

シーズン終了後には次のシーズンに向けて良い休養を!

1 数日~1週間は練習しない

2 旅行に行く

3 他の趣味の時間を増やす

4 外壁(岩壁)を登る
(大会主体のクライマー)　etc

負荷調整の方法

トレーニング結果を分析して負荷調整を適切に行う

1 1セットの回数の増減

2 セット数の増減

3 運動時間の増減

4 レスト時間の増減

5 補助の有無

コーチの役割

客観的に分析できるコーチは効果的なメニュー作成ができる

選手とコーチが課題を共有する

選手のトレーニングプランの作成や管理をするのがコーチの役割です。コーチは、選手を客観的に見られますから、より効率よく練習メニューを組めます。

一般的に1人のコーチが多くの選手を受け持ちます。すべての選手が成果を上げていくためにも、システマチックに、効率よく成果を上げていけるのが理想です。

コーチが受け持つ選手たちのレベルに幅があるとき、チーム分けをします。年齢やグレードでチームを作って、それぞれに見合ったメニューを作ります。それは週間スケジュール表で管理するとすっきりします。

コーチは選手に信頼されなければなりません。選手がコーチに対して迷いを持っているようでは、厳しいトレーニングについては来ないでしょう。そのためにはトレーニングに精通し、選手の課題を的確に指摘し、それを選手と共有しなければなりません。

トレーニングを選手に押しつけるようなやり方にならないように注意しなければなりません。そのためにコミュニケーション能力が問われます。トレーニングの目的を理解させるためには、言語能力も必要になるでしょう。

またコーチにはカウンセラー的な役割も求められます。選手が心身ともに疲労しているときや、モチベーションが下がっているときなどは、それを見抜かなければなりません。

選手の性格などからも判断して、数日程度の完全休養を入れるなど、的確なアドバイスをします。それがさらなる信頼関係を築くことにもつながります。

指導者（コーチ）に心がけて欲しいこと

**指導者やコーチは、中・長期的な視野を持って
選手育成をしていくことが大切！**

1 年齢、技術、目標に合った適切な指導をする

- 「計画→実行→分析→再計画」のサイクルを！

2 すぐに結果を求めない

- 反復練習で着実にレベルアップ！
- 成長度合いを的確に見極めること

3 アドバイスするときは言葉を選ぶ

- 同じことを言っても選手によって受け取り方は違う。言葉の選び方は慎重に！
- アドバイスのタイミングによっても、その伝わり方はまったく違ってくる

4 言葉以外のコミュニケーションスキルも磨く

- 選手の話に耳を傾ける、変化に気づく。こういったこともコミュニケーションのひとつ！
- 非言語のコミュニケーションスキルを高めて、選手に信頼される指導者を目指す！

5 選手のスポーツマンシップに責任を持つ

- 社会的なマナー、エチケットなども含めたスポーツマンシップを持った選手を育てる

発達・発育に応じた指導を行う

人間がどのように成長していくかを理解することは、指導者やコーチにとって大切なことだ。成長期前後の子どもたちを預かる指導者は、特に気を付けなければならない。下のグラフは、年齢によってどんな能力が高めやすいかを示している

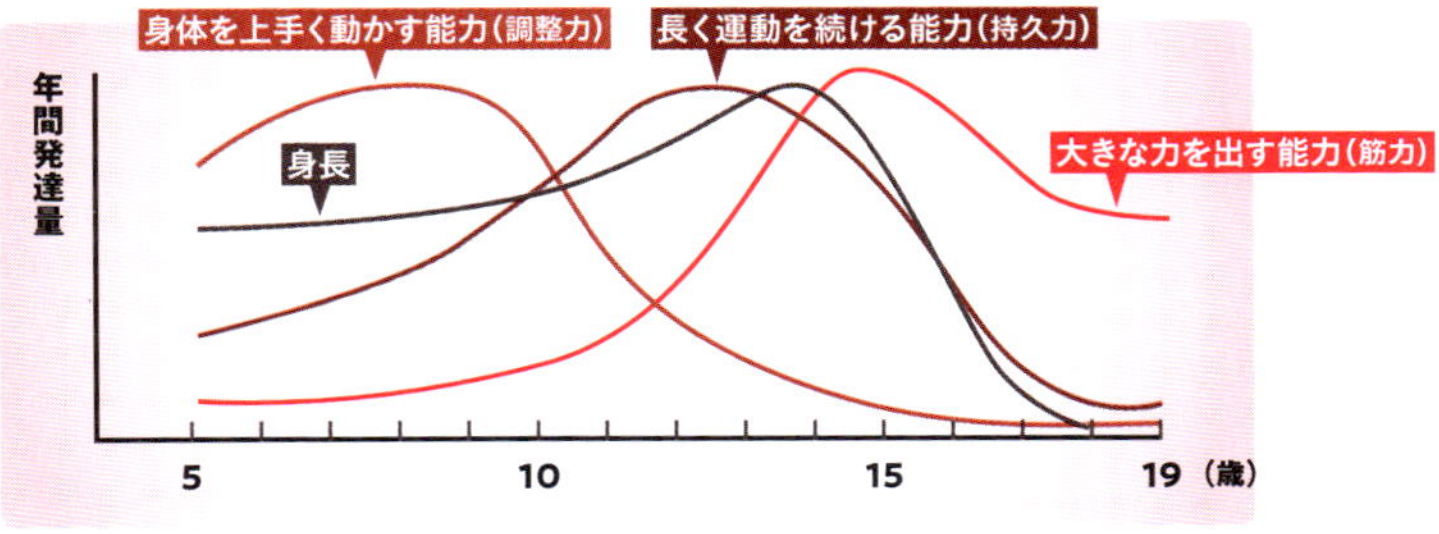

上のグラフを踏まえて指導することで、選手の能力を最大限に伸ばすことができる。また弱年齢では、パワーやスタミナに任せて勝つことも可能だが、それではすぐに成長は頭打ちになる。「今、勝つこと」よりも「選手の将来」を見据えた指導を行う

Column

2

創意工夫をして自宅でトレーニングしよう

学生なら学校へ行かなければなりませんし、社会人は仕事をしなければなりません。クライミングは練習をするほど上達しますが、毎日ジムに通って練習できる人は限られます。そこで自宅でのトレーニングを考えてみましょう。

本格的にトレーニングしたいなら、キャンパーボードの自作が考えられます。ちょっとしたDIYの知識と道具があれば、それほど難しくありません。一番の問題は、住宅事情で、そのスペースを確保できるかということだと思います。

もう少し手軽な方法として、ホールドを壁に取り付けることが考えられます。ホールドは専門店やインターネットなどで購入可能です。ただやはりこれも壁に穴を空けるので、万人向けではありません。

だれでもできるのが、扉や窓の桟などを利用する方法です。動きのあるトレーニングは難しいですが、懸垂やホールドの持続力を強化するくらいならいつでもできます。

PART 3

トレーニングメニュー

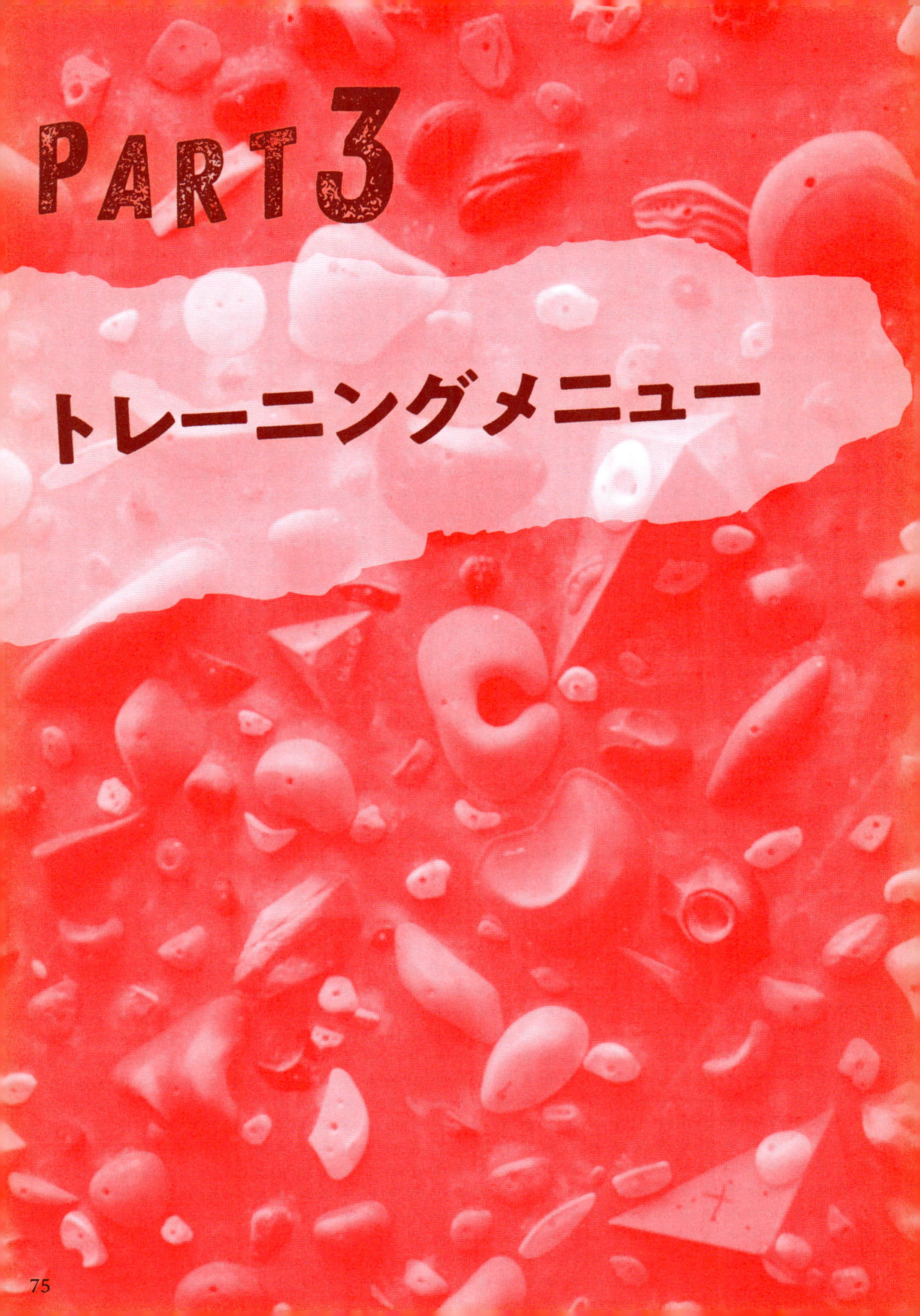

トレーニングの種類

基礎、瞬発力、筋力に加え クライミング独自のトレーニング法

トレーニングは自分の弱点を補強するもの

何か特別なトレーニングをすれば、強くなるというものではありません。トップ選手もやっているトレーニングは変わりません。大切なのは、どのタイミングで、何を、どれくらいやるかで、その組み合わせは無限に考えられるものなのです。

またトレーニングは自分の弱点を補強するために行うものです。弱点を分析して、自分に合ったトレーニングを考えるようにしましょう。

基礎トレーニング

身体の土台を作る基礎的なトレーニング

クライミング
専門の体力
基礎となる
体力

1 プッシュアップ ➡ 78ページ
2 変則プッシュアップ ➡ 79ページ
3 スタビライゼーション① ➡ 80ページ
4 スタビライゼーション② ➡ 81ページ
5 スタビライゼーション③ ➡ 82ページ
6 スタビライゼーション④ ➡ 83ページ
7 体幹ローラー ➡ 84ページ
8 腹筋（上部） ➡ 85ページ
9 腹筋（下部） ➡ 86ページ
10 片足スクワット ➡ 87ページ

瞬発力トレーニング

ムーブで跳んだり一瞬の動きを強化するトレーニング

筋力トレーニング

様々な姿勢から力を発揮できるようになるトレーニング

キャンパストレーニング

フィンガーボードを使いクライミングに必要な筋力を鍛えるトレーニング

クライミングでのトレーニング

傾斜のある壁で行う強度の高いトレーニング

基礎トレーニング①

プッシュアップ

いわゆる腕立て伏せ。上腕、前腕、胸筋を鍛える。道具は使わず、限られた場所でもできるもっとも手軽な筋力トレーニングだ。頭からカカトまでまっすぐにして行えば、体幹のトレーニングにもなる。

回数・秒数

初心者 ▶ 10回から
慣れてきたら ▶ 20回

足の指をしっかりと曲げて、地面を押し、カカトを立てる

POINT
おへそを締めて、頭からカカトまで1本の棒のようにする。腰が落ちたり、くの字に曲がったりしないこと

オーソドックスなフォームは、手は肩幅に置き、指先は真上を向ける

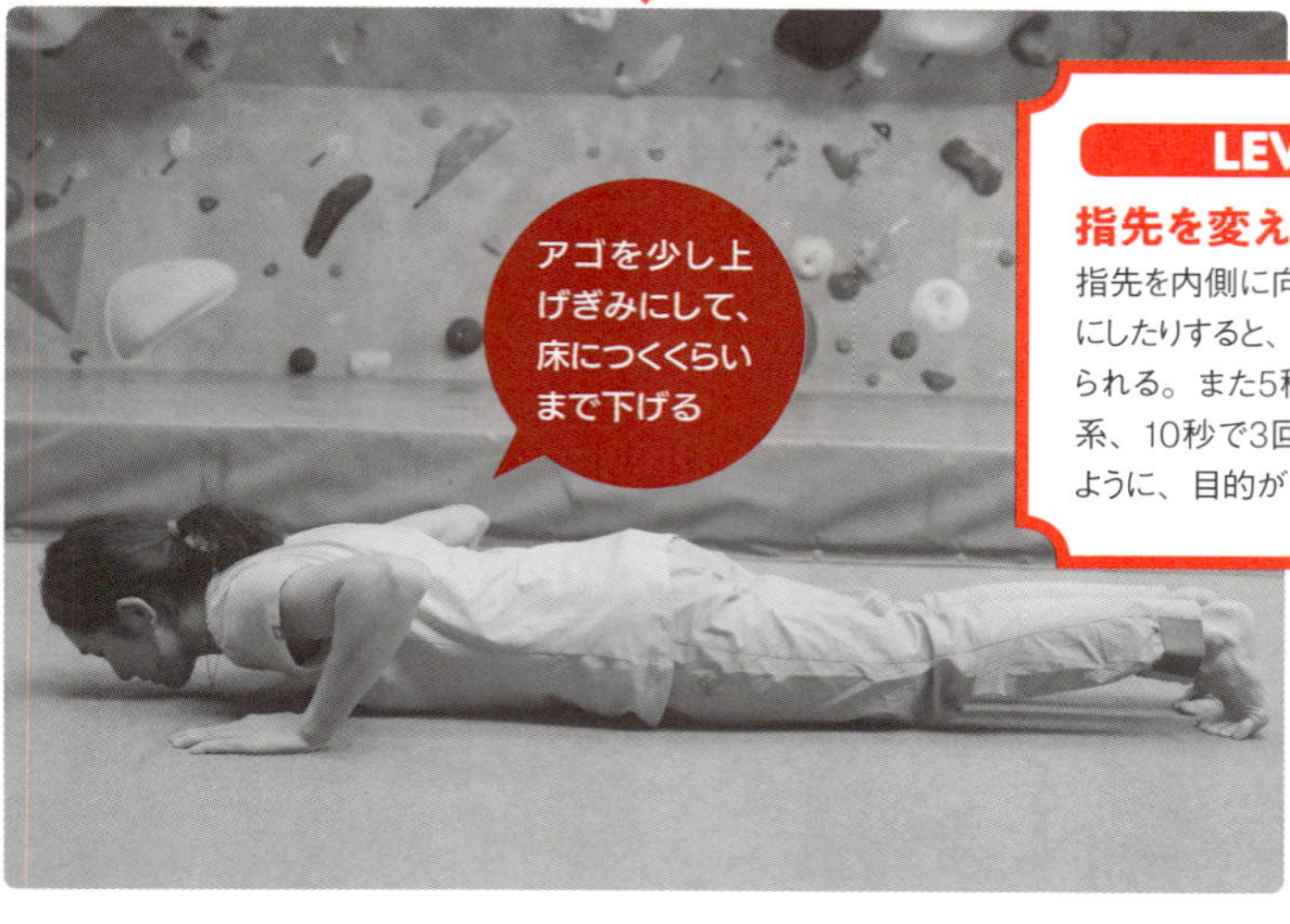
アゴを少し上げぎみにして、床につくくらいまで下げる

LEVEL UP

指先を変えてみる

指先を内側に向けてやったり、直線にしたりすると、利かせる部位が変えられる。また5秒で10回やると瞬発系、10秒で3回やると持久系というように、目的が変えられる

左右の肩を均等に下げていき、両手のところに真っすぐ落とす

基礎トレーニング②

変則プッシュアップ

ホールドを取りに行くイメージで、片手を頭の上、斜め上、横へと伸ばす変則プッシュアップ。片手だと身体をねじりたくなるが、可能な限りまっすぐに保つことで、体幹トレーニングにもなる。

回数・秒数

初心者	▶ 5回から
慣れてきたら	▶ 10回

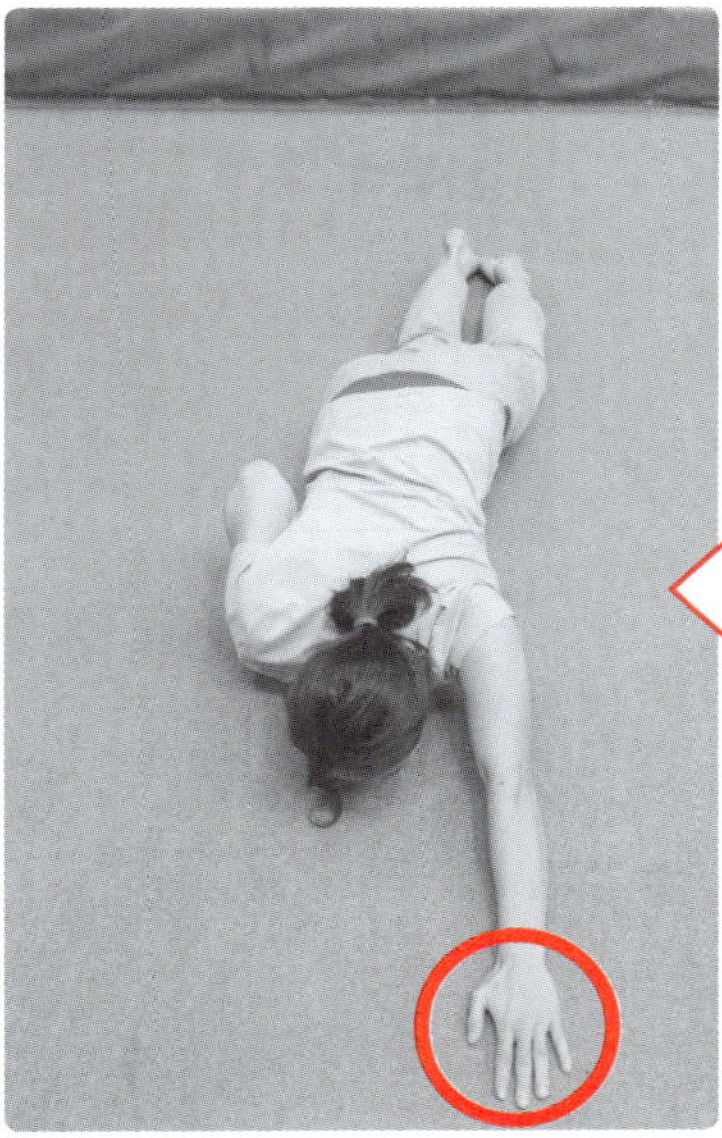

真上でも身体をまっすぐに保てるように取り組もう

片手を通常の位置より斜め上に遠くに伸ばしてプッシュアップする

POINT

プッシュアップに使えるのは、ほとんど片手の筋肉だけ。しかし横に伸ばした手で身体が倒れるのは支えられるので、両肩は水平に保てる

VARIATION

2人でゲーム感覚でトレーニングする

2人組でじゃんけんをして、勝った人が負けた人に手を置く位置を指示。ゲーム感覚でトレーニングができる

基礎トレーニング③

スタビライゼーション①

四つん這いになって、対角線にあたる手と足の2点で支える。四つん這いから手を離すと3点支持になり、さらに足を離すと2点支持になる。クライミングのバランスに通じる体幹トレーニングだ。

回数・秒数

初心者 ▶ 20秒キープ
慣れてきたら ▶ 30秒キープ

肩が上下に動かないようにして、左右の肩は床と水平を保つ

POINT
足は上げた腕と背中と一直線になるように伸ばす。上げた足側のお尻が浮きやすいので注意。自分では見えないので、コーチなどが見てあげるといい

こちらは易しい方法。まず手とヒザ立ちで四つん這いになる。そこから右手を頭の上に伸ばし、左足を右足カカトの先へ伸ばす

LEVEL UP

腕立て伏せの姿勢から片手片足になる

腕立て伏せのスタートの姿勢から、片手を頭の上に伸ばし、反対の足を床と水平まで持ち上げる。支点となる手と足の距離が倍近くに伸びるので難易度は高くなる

基礎トレーニング④

スタビライゼーション②

右手なら右足、左手なら左足の組み合わせで行う体幹トレーニング。組み体操の「扇」のような姿勢をキープする。あえて前後にふらつきやすい姿勢になって、それを抑制することで体幹トレーニングになる。

回数・秒数

初心者 ▶ 20秒キープ
慣れてきたら ▶ 30秒キープ

上げた足は床と水平になるようにする。上げすぎても、下がっていても良くない
ヒジは肩の真下に垂直に下ろす。上腕から肩甲骨にかけて平らにする

横座りになってヒジをつき、足を伸ばして腰とヒザを浮かせる。上の手は大きく拡げて床と垂直に伸ばす。頭から足までがまっすぐになるようにする

LEVEL UP

手のひらを支点にする

支点をヒジから手のひらにする。床から肩までの距離が伸びるので、前後に倒れやすくなる

POINT
ヒジで支えるパターンができるようになったらチャレンジしよう

基礎トレーニング⑤

スタビライゼーション③

あお向けの状態から、両ヒザを曲げてお尻に近づけていって腰を浮かす。カカトがヒザの真下になるくらいまで曲げたら、片方のヒザを伸ばしてキープする。首が窮屈に感じるかもしれないが、呼吸は止めないこと。

回数・秒数

初心者	▶ 30秒キープ
慣れてきたら	▶ 40秒キープ

上げた足の側のお尻が上がったり、反対側が下がったりしやすいので注意

腰を持ち上げて、カカトからヒザまでを垂直に立てて、背中からヒザまでまっすぐに。そのままキープしても効果はある。次の段階として片足を上げる

POINT
筋肉が震えてくるのは体幹に利いている証拠。それを保っているときこそトレーニングになる

基礎トレーニング⑥

スタビライゼーション④

うつ伏せになって、両手両足をパタパタと上下させる。このとき右手と左足を上げたら、左手と右足を下げるといった具合に、対角の手足が同じ動きになるようにする。身体がローリングしないように抑えることで、体幹を鍛えられる。

回数・秒数

初心者	▶ 10回
慣れてきたら	▶ 30回

手足は高く上げるよりも、リズムよく上下させよう

右手を上げたとき、左足を上げる。対角の手足を同調させて、身体にねじれを生み出す

POINT
1回ごとに「フッ、フッ」や「ハッハッ」と短く息を吐く。苦しいと呼吸を止めがちなので注意する

左手を上げたとき、右足を上げる。対角の手足を同調させて、身体にねじれを生み出す

基礎トレーニング⑦

体幹ローラー

棒の真ん中に車輪がついている体幹ローラーを使う。もし用意できなければ、ローラーの代わりに手のひらで少しずつ滑って行ってもいい。手のひらの摩擦がある分だけ楽になるが、それなりの効果は得られる。

回数・秒数

初心者	▶ 1回
慣れてきたら	▶ 3回

速く転がりすぎないように、体幹で抑える

ヒザ立ちで四つん這いになり、両手でローラーの取っ手を握る。耐えられるギリギリのところまで倒してから戻す

LEVEL UP

足裏で立って体幹ローラー

足裏で立って同様に行う。こちらは難易度が格段に高くなる。ヒザ立ちのときのように戻せるのがベストだが、まずは行きだけでもいい

できるだけ時間をかけて、ゆっくりと倒していく

基礎トレーニング⑧

腹筋（上部）

腹筋の中でもみぞおちに近い上部を鍛えるもの。あお向けになってヒザを軽く曲げて立てる。手のひらを床に向けて身体の横に置き、頭を持ち上げていく。

回数・秒数

初心者 ▶ 30回〜
慣れてきたら ▶ 60回

POINT
アゴを軽く引くが、のどが締まらないようにする
呼吸は長く深く続ける
背中を床につけない

頭を軽く持ち上げたところからスタート。戻ってきたときも頭は床まで下げない

POINT
腹筋の上部に効いていることをチェック。頭を持ち上げすぎると、部位が変わってきてしまうので注意
ヒザの前をタッチする
テンポ良く反復しよう

床に置いた手を、体側から太ももを滑らせていく。頭を持ち上げ切るのではなく、手がヒザに届くところまででいい

基礎トレーニング⑨

腹筋（下部）

腹筋の中でもおへそよりも下の部分を鍛えるトレーニング。仰向けになって足を30cmほど持ち上げる。その位置を下限として、上へ蹴り上げてバタ足をする。

回数・秒数

初心者 ▶ 30回～
慣れてきたら ▶ 60回

つま先まで伸ばして、足の重心をできるだけ遠くにする。両手は頭の下で組む

VARIATION

足を開閉するパターンもある。これは腹筋に利かせつつ、上体が左右へ振られるのを防ぐ、体幹への効果もある

テンポ良くバタ足。このとき呼吸は止めずに、おへその下辺りを引き締めておく

基礎トレーニング⑩

片足スクワット

片足スクワットは、バランス感覚と脚力を同時に養える。最初から上下が難しければ、下げる方だけでもOK。ふらつきを抑えて下げる。上げる方は、バランス感覚プラス、太ももの筋力も必要になる。

回数・秒数

初心者 ▶ 3回から
慣れてきたら ▶ 6回

POINT
クライミングのフットワークはカカトを使わないものが多い。足首、ふくらはぎの筋力強化をしておきたい
目線を落としすぎないようにする

軸足の裏へ向かって真っすぐに下りていく。このときのふらつきを最小限に抑える。下げるのができたら、足をつかずに上げる方もチャレンジする

POINT
足元を見るよりも、やや遠くの床を見るとバランスを取りやすい

両手を自然に開いて片足バランス。浮かせた足は斜め前くらいに出しておくと、下げるときの邪魔にならない

LEVEL UP

カカトを上げてのスクワット

さらに難易度が高いのが、カカトを上げるパターン。つま先立ちではなく、カカトは軽く浮かせる程度でいい

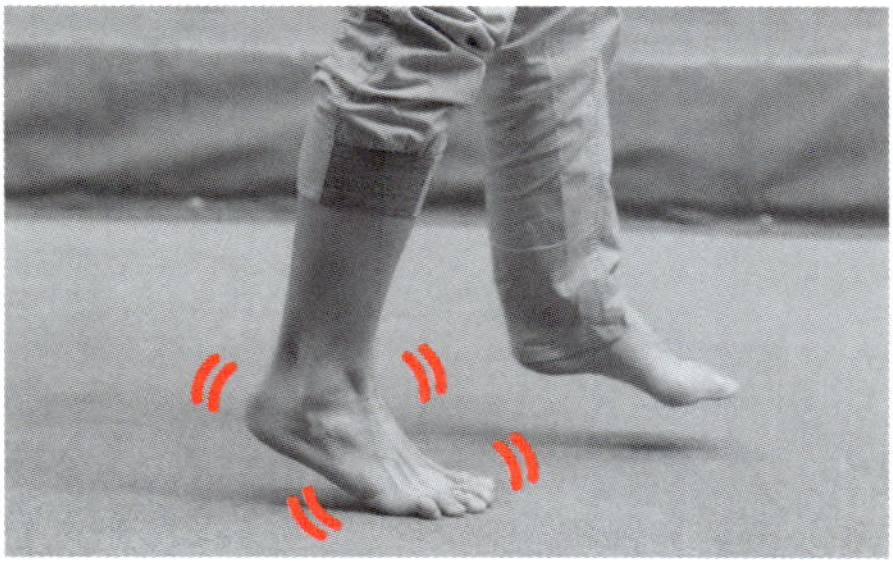

瞬発力トレーニング①

全力もも上げ

クライミングの中でもスピードは、技術と瞬発力が求められる。特に推進力を得るのは脚力。またランジは一瞬の瞬発力を発揮して跳ぶ。下半身全般の瞬発力向上には、陸上短距離離走のようなもも上げが効果的だ。

回数・秒数

初心者 ▶ 5秒
慣れてきたら ▶ 15秒

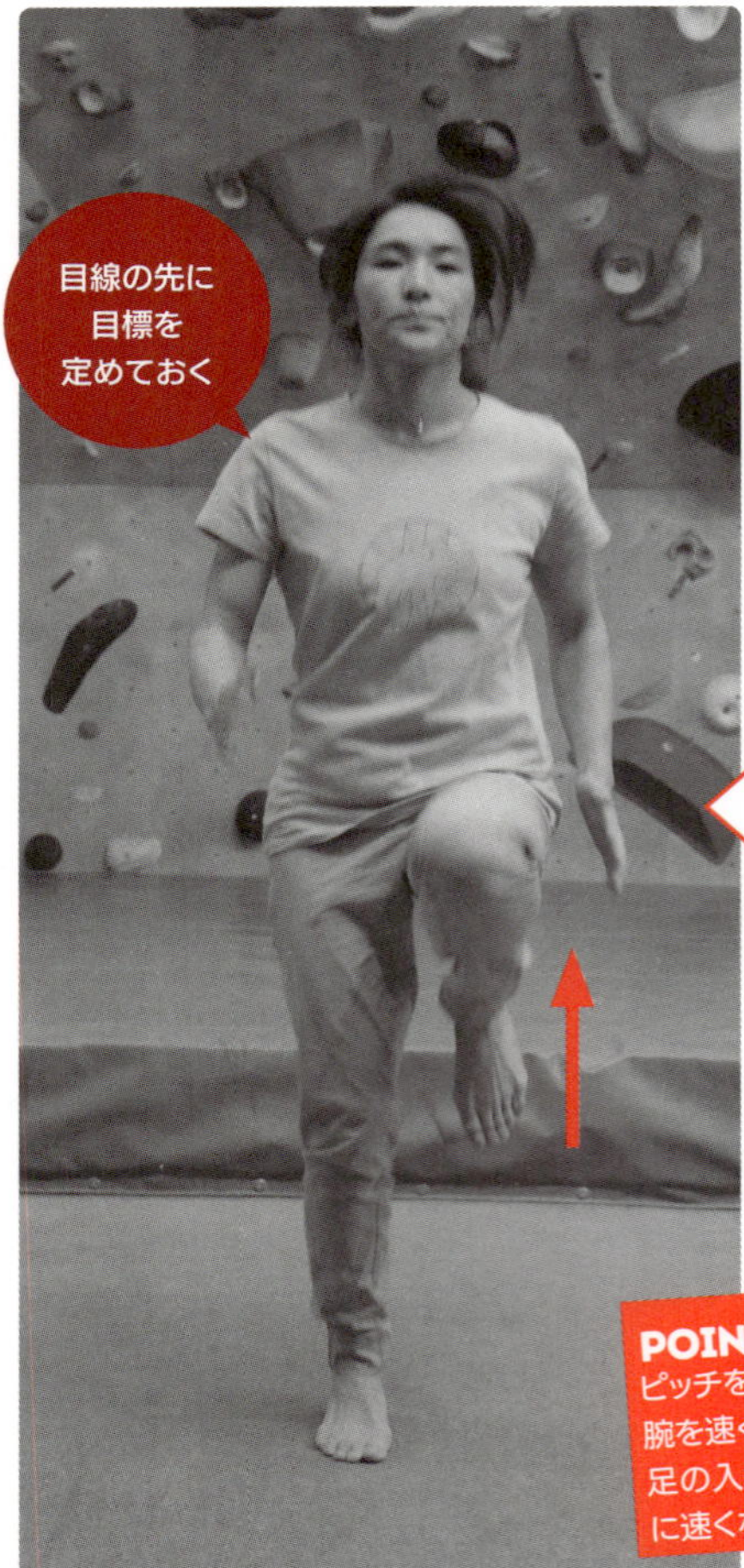

腰が落ちてきがちなので注意。またできるだけ同じ位置でやる

背筋を伸ばして胸を張る。アゴを軽く引いて、もも上げをする。限界までピッチを上げていく

POINT
ピッチを上げるときは腕を速く振る意識で。足の入れ替えが自然に速くなる

瞬発力トレーニング②

立ち幅跳び

両足踏み切りの、いわゆる立ち幅跳び。クライミングに必要な瞬発力を養う。やや広いスペースが必要なので、ジム内でやるときは周囲の人の迷惑にならないように。

回数・秒数

初心者 ▶ 1回
慣れてきたら ▶ 3回連続
（スペースがあるなら）

POINT
周囲に迷惑をかけないのは大前提だが、自分の安全のためにも固い床の上でやること。ジムにはマットがあるからといって、その上でやると逆に足首をひねる危険がある

可能な限り滞空時間を長く。着地したらヒザのクッションを使って、沈み込む

腕を一気に振り上げて、斜め前方へ伸び上がる。床から反発力をもらうイメージで跳ぶ

深く沈み込んで、腕を後方に振って勢いをつける。足の裏で床をしっかりと踏み締める

LEVEL UP

連続ジャンプにチャレンジ!

広いスペースがあるなら、3回くらい連続で跳んでみよう。前の着地の反動を利用して、さらに高く遠く跳べればベストだ

瞬発力トレーニング③

片足踏み切り

片足踏み切りの跳躍で瞬発力を養う。軸足で立って、もう一方の足で踏み込んで跳ぶ。腕を振って、タイミングを合わせよう。

回数・秒数

初心者	▶ 左右3回
慣れてきたら	▶ 左右5回

POINT
足を軽く前に踏み出すと、踏み切りのタイミングを取りやすい
ジャンプ
左
右
POINT
それまで軸にしていたヒザを、腰の高さくらいまで上げる

腕を振り上げて、真上に高く跳ぶ。滞空時間が長く、躍動感のあるジャンプを目指そう

上げた足が床に着いた瞬間に、その足で踏み切る

踏み切り足を軽く上げ、逆の腕を前に振ってタイミングを取る

筋力トレーニング①

片手プルアップ（足補助）

吊ってある鉄棒での片手懸垂。足の補助あり。固定タイプの鉄棒でもいいが、吊ってある棒は、懸垂をするたびに左右に振られる。それを抑えることによって体幹も鍛えられる。

回数・秒数

初心者 ▶ 左右3回
慣れてきたら ▶ 左右5回

LEVEL UP

足の補助を外して行う

男性は体重がある分、筋力がより必要になる。補助のない純粋な片手プルアップにもチャレンジしよう

懸垂中、背中は床と並行を保ったまま。反対の肩が下がる、お尻が落ちる、ということがないようにする

筋力トレーニング②

片手プルアップ(スリング補助)

片手はスリングで補助してもらい、片手プルアップを行う。スリングを握った手の力は極力使わないで、トレーニングを積んで、純粋な片手プルアップへつなげたい。

回数・秒数

初心者 ▶ 左右3回
慣れてきたら ▶ 左右5回

足で弾みをつけたり、身体を振ったりしないで、身体を持ち上げられるのがベストだ

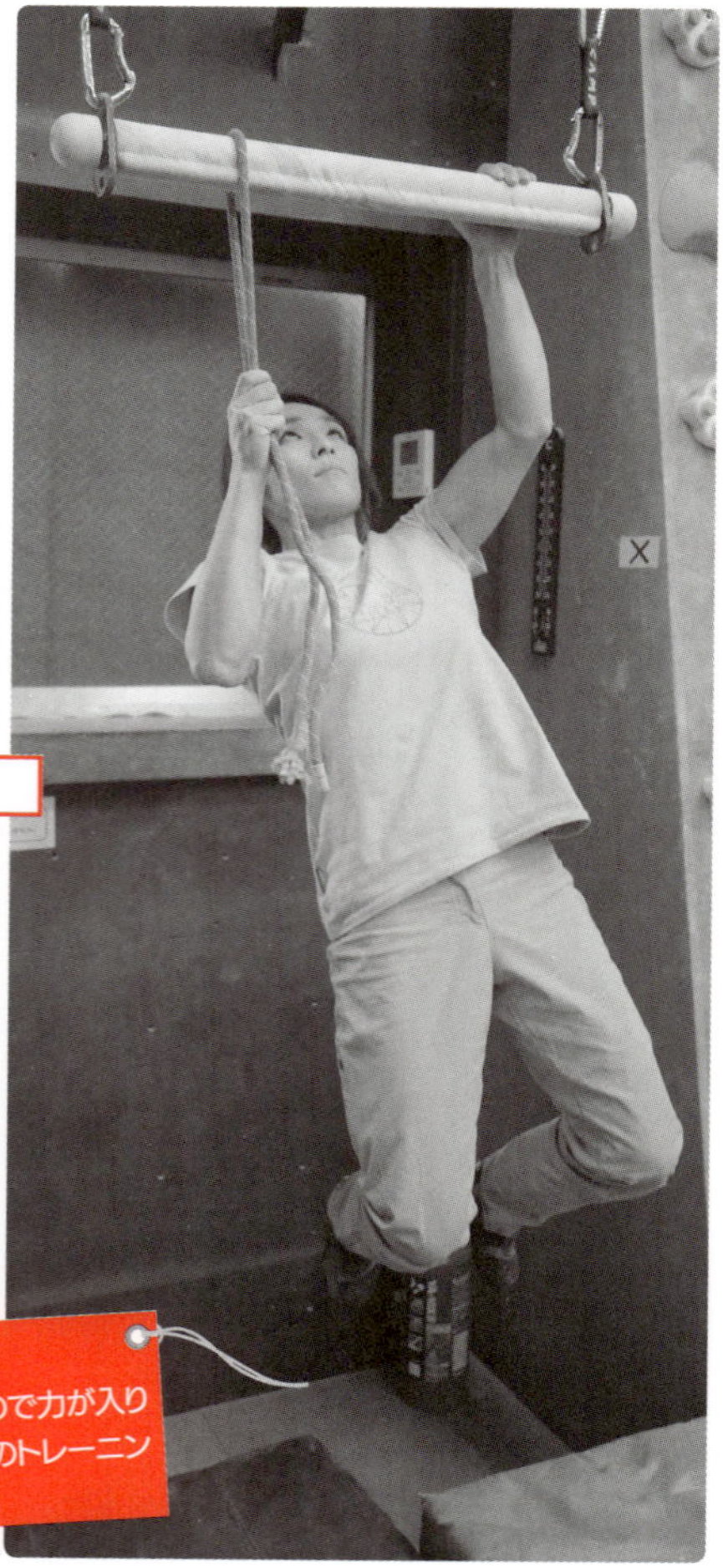

スリングを棒にかけて片手で持ち、主にもう一方の手の力で鉄棒にぶら下がる

POINT
スリングは細いので力が入りにくいのが、このトレーニングのポイントだ

筋力トレーニング③

ロック・プルアップ

両手のプルアップを、持ち上げたときのヒジの角度を変えながら行う。クライミングはホールドの位置によって、様々なヒジの角度から力を出さなければならない。それをイメージした、実践的なプルアップだ。

回数・秒数

初心者	▶ 1セット
慣れてきたら	▶ 連続3セット

1
ヒジの角度は
およそ120度

まずはヒジの角度が浅いところまで身体を持ち上げる。5秒間キープしてから一度下ろす

スタート

両手でぶら下がったところからスタートする。1回ごとにここに戻る

2
ヒジの角度は
およそ90度。

2回目は1回目よりも深い位置まで上げる。ここも5秒間キープして下ろす

3

3回目は完全に上まで持ち上げるブルドック。これも5秒キープして終了

POINT
3パターンのプルアップを続けてやって1回とカウントする

筋力トレーニング④

足上げ（両足）

逆上がりの要領で、腹筋を使って足の上げ下ろしをする。できるだけ反動を使わずに上げていき、下げるときも力を抜かないでじっくりと。

回数・秒数

初心者	▶ 5回
慣れてきたら	▶ 10回

ヒザが一番高い位置まで持ち上げたら、その姿勢を10秒間キープする

両手でぶら下がり、腹筋を使ってヒザから両足を持ち上げる

POINT
前後に振れたり、ヒザが落ちたりしないようにする

筋力トレーニング⑤

足上げ（片足）

足の上げ下ろしを片足でする。反動を使わずに上げていきたいが、完全に静止したところからだと難しいなら、少しスピードをつけてもOKだ。足を下ろすときはゆっくり。

回数・秒数

初心者 ▶ 5回ずつ
慣れてきたら ▶ 10回ずつ

逆上がりのように、腰をできるだけ鉄棒に近づける。逆の足もやって1回とカウントする

ヒジを曲げて身体を引き上げながら、片足を持ち上げていく

POINT
下ろすときはつま先ができるだけ遠くを通るようにする

筋力トレーニング⑥

両足左右振り

両足をそろえて、天井へ向かってまっすぐに上げる。ここから時計の3時、9時の位置に振る。腰が落ちたり、ヒザが曲がったりしないように注意する。

回数・秒数

初心者	▶ 3セット
慣れてきたら	▶ 5セット

逆上がりの一歩手前まで両足を持ち上げてキープ。足を左右に振るたびに、ここに戻ってくる

12時を通って、今度は3時の位置で止める。ここでも3秒間キープする。3か所が終わって1回とカウントする

足を右に振って9時の位置で止める。ここで3秒キープしたら、12時の位置に戻す

筋力トレーニング⑦

カヌーローリング（ツイスト）

ボールを取り付けたロープを滑車に通す。足で補助して、両手でボールを持ち、左右交互に引く。ボールを小さくするほど保持が難しくなる。

回数・秒数

初心者	▶ 左右10回
慣れてきたら	▶ 左右20回

POINT
持ちにくくて遠くにあるホールドを保持するためのトレーニングと考えよう

左右交互にボールを引く。引く方を胸の前まで、伸ばす方を腕が完全に伸びるまで入れ替えるようにする

ヒジを曲げて身体を引き上げながら、片腕を持ち上げていく

キャンパストレーニング①

ハンギング

キャンパス（フィンガーボード）を使った、もっとも基本的なトレーニングで肩を鍛える。ボードにぶら下がって、姿勢をキープする。足を持ち上げる角度を変えて、負荷を変えて行う。

回数・秒数

初心者 ▶ 10秒
慣れてきたら ▶ 20秒

反動を使わずに少しずつ足を持ち上げる。できるだけ身体は曲げないで、ワキの角度を狭めていく

段状に取りつけてあるホールドを両手で持って、ぶら下がる。身体は振らずに、静止する

POINT
オープンハンドかハーフクリンプで行う

ケガを防ぐためにホールディング方法は、フルクリンプではなく、オープンハンドか、ハーフクリンプにする

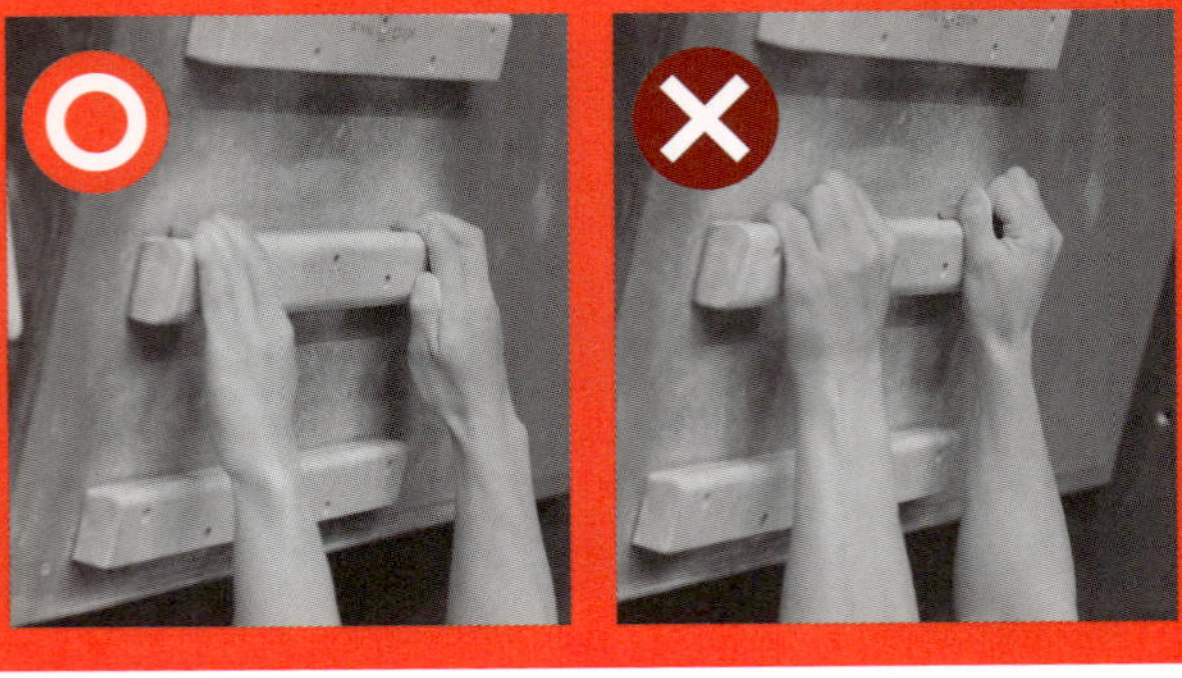

キャンパストレーニング②

キャンパスシングル

ボードにハンギングして、腕を左右交互に動かして登っていく。まずは1段ずつ。できるようになったら、1段飛ばしも取り入れよう。コンタクトストレングスの強化になる。

回数・秒数

初心者 ▶ 1往復
慣れてきたら ▶ 3往復
（インターバル3〜5分）

左右の手が上下になるようにハンギングする

下の手の力を使って、身体を引き上げる

下の手を引いた反動を利用して、その手を一瞬で上に伸ばす

瞬時にホールド力を発揮して段差をつかむ。これをコンタクトストレングスという

キャンパストレーニング③

片手飛ばし

片手は下に固定して、もう一方の手だけを上へ、上へと伸ばしていく。左右の手の距離が広がるとバランスが崩れるが、それでも保持力を発揮できるようになるのが目的だ。

回数・秒数

初心者 ▶ 1回
慣れてきたら ▶ 2回
（インターバル3〜5分）

左右の手が上下になるようにハンギングする

上の手よりも下の手をより強く引いて反動をつける

壁から身体が離れてしまうのを下の手の力で止める

LEVEL UP

段を飛ばせば難易度アップ!

2段飛ばし、3段飛ばし、4段飛ばしと距離を広げられるようにトレーニングしていこう

キャンパストレーニング④

スイッチ

手の高さを変えて持ち、左右の手を入れ替える。手を動かす正確性、瞬間的に力を発揮するコンタクトストレングスを鍛える。

回数・秒数

初心者 ▶ なし
慣れてきたら ▶ 3回
（インターバル3〜5分）

左右の手の段差を変えて持つ

反動をつけて、一瞬身体を浮かせる。身体がホールドから離れないようにする

両方の手を正確にフィンガーホールドへ動かす

一瞬で力を発揮できないと、落ちてしまう。左右の手を交互に入れ替えて続ける

キャンパストレーニング⑤

ダブルダイノ(ダブルジャンプ)

両手で同じ段を持ってスタート。少し足を振って反動をつけてから、両手を引く力を使って、一気に上の段へ跳ぶ。

回数・秒数

初心者 ▶ なし
慣れてきたら ▶ 1往復
(インターバル3〜5分)

同じ段を両手で持ってぶら下がる

足を少し振り上げて反動をつけ、両手を引いて跳ぶ

反動を使う分だけ身体が振られている。それを最小限に抑えるのがポイント

跳ぶ直前の勢いをつけすぎると壁から離れてしまい、上で保持できなくなってしまうので注意

クライミングでのトレーニング

ロックオフ

傾斜120～140度くらいの壁を使う。4つのホールドで4点保持したところから、右手と左足、左手と右足というように対角線の手足を目一杯まで伸ばして、その姿勢をキープ。そして戻す、を繰り返す。

回数・秒数

初心者 ▶左右10秒キープ×1セット
慣れてきたら ▶左右10秒キープ×3セット
（インターバル3～5分）

一度4点支持に戻してから、今度は左手と右手を伸ばす

右手と左足をできるだけ遠くへ。手の先にあるホールドを目標にするといい

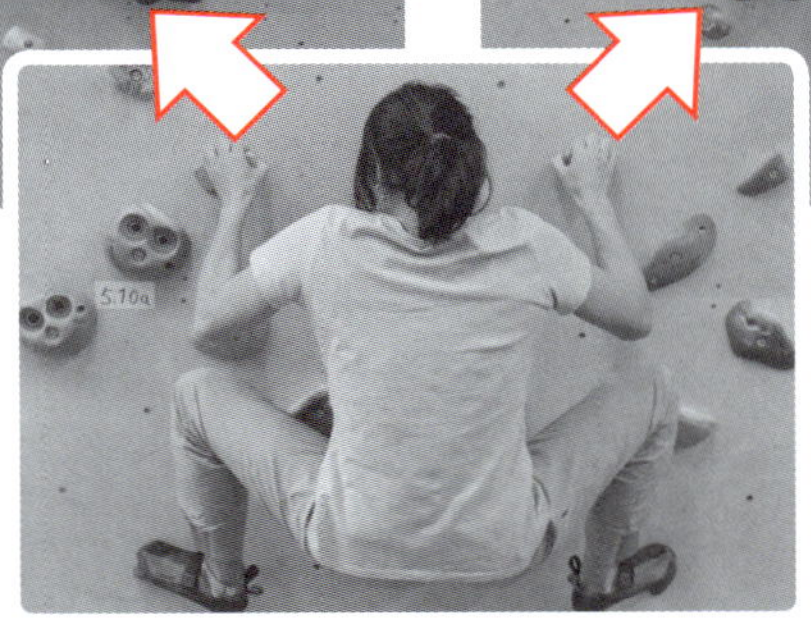

両肩と腰の位置にあるホールドを4点支持する

POINT
補助者に軽く背中を支えてもらい実践する
傾斜がある壁にほとんど片手の握力だけで保持するため、トレーニング強度が高い。補助者に軽く背中を支えてもらって、自分の限界を超えてチャレンジしよう

Column

3

スピードのトレーニングを効果的に活用しよう

スピードはある程度クライミングを練習すれば登れる中級者からできるグレードで、登り切るまでのタイムを競います。クライミングのトレーニングというと、筋力や持久力に目が行きがちですが、最近はスピードをトレーニングに取り入れることが、注目されています。

スピードのトレーニングを繰り返すことで、心肺機能が高まります。持続力がつけば、繰り返し、長時間練習に取り組むことができるようになります。

またスピードは、他の2種目と比べて、脚力に頼る割合が高くなります。腕力で登っていたらタイムは縮まりません。リードやボルダリングで腕の力に頼っているクライマーにとって、足のテクニックを見直すきっかけになります。さらにスピードは足を動かしつつ、手を動かし、休む間もなく足を動かす、という繰り返しで登っていきます。動作の正確性とコーディネーション能力も養えるのです。

PART 4

ピリオダイゼーション

ピリオダイゼーションとは

目標とする大会から逆算して1年間を7期に分けてトレーニング

計画的に筋力、持久力をワンランクアップさせる

1年間を期分けしてトレーニング計画を立てることを、ピリオダイゼーションといいます。最大の目標とする大会から逆算して、それぞれの時期にやるべきトレーニング内容を明確にしていくのです。

具体的には、休養期、基礎トレーニング期（ベーシック期）、ビルドアップ期、マックスパワー期、エンデュランス期、調整期、大会期の7期に分けられます。各期は4～5週間程度を目安にします。

休養期は文字通り休みをとる期間です。大会のシーズンが終わったら、完全オフの期間を設定することで、次のシーズンへのモチベーションを高めることができます。そこから基礎トレーニング期を経て、ビルドアップ期で筋肉を肥大化させます。次のマックスパワー期で肥大化した筋肉を最大限引き出すためのトレーニングを行います。

筋肉を持続させるための期間が、エンデュランス期です。レストやシェイクしなくても多くの手数を動けるようにします。

この間、小さな大会へ出場して、それもトレーニングの一環と考えることもできます。大事なのは、結果の良し悪しに目を向けるのではなく、課題や弱点を分析することです。

最後に調整期で万事を整え、大会期を迎えられるようにします。

各期の主なトレーニング

A 休養期

①大会の疲れを取り、リフレッシュする

B 基礎トレーニング期

身体の基礎体力の向上

①サーキットトレーニング
②ステーショントレーニング
③テンポクライミング
④持久系クライミング　など

C ビルドアップ期

クライミングの専門体力の向上

①懸垂
②キャンパス　など

D マックスパワー期

①ボルダリング中心のトレーニング
②リードクライミング

E エンデュランス期

①20~35手以上のクライミング
②ボルダリングの大会のシミュレーション

F 調整期

①コンディション
②大会のシミュレーションなど

G 大会期

①コンディション
②休養
③基礎トレーニング など

リードの大会へ向けた一例

11月	12月	1月	2月	3月	4月	5月	6月

	休養期	基礎トレーニング期	ビルドアップ期／マックスパワー期	エンデュランス期	調整期	大会期
	約3週間	4~5週間	8~10週間（マックスパワー期含む）	2~4週間	4~6週間	
		ステーショントレーニング、テンポクライミング、簡単な持久系のクライミング　など	懸垂（ビルドアップ）、キャンパス（マックス）、3~10手ほボルダリング（マックス）など	20～35手以上のクライミング　など	コンディショニング、大会シミュレーション　など	
			週2~3回（朝、夜ならなお良い）			

基礎トレーニング期①

基礎トレーニング期に休養で落ちたフィジカルを戻す

現在の自分のレベルを再確認するのもこの時期

休養期が明けて迎える最初のトレーニング期が、基礎トレーニング期（ベーシック期）です。トレーニングのスタート日は、シーズンの最大の目標とする大会から逆算します。ピリオダイゼーションの考え方に従って決定しましょう。

トレーニング期に入るときの選手たちは、休養によって心身ともにリフレッシュしています。壁に登りたいという気持ちにあふれ、モチベーションも高いでしょう。しかしコンディションも、フィジカルも高いレベルにあった大会期のつもりでいきなりハードなトレーニングをすれば、ケガをする恐れがあります。はやる気持ちを抑えて、再び厳しいトレーニングに耐えられる身体を作るのが、この基礎トレーニング期の最大の目的となります。

数週間の休養によって、クライミングテクニックやフィジカルやコンディションといったものは最低の状態です。どんなトレーニングを、どれだけやるかは慎重に決めていかなければなりません。

またここでもう一度昨年のクライミングを振り返り、現在の自分のレベルを認識しておくことも大事な作業です。

海外の選手たちは、基礎トレーニング期に様々なスポーツをやることがあります。これは「クロストレーニング」と呼ばれていて、クライミングとは違った神経回路や筋肉を刺激することで、クライミングにも良い影響をもたらすことがあります。球技は視野が広がるといった効果や、脚力の強化になりますが、対人競技は接触によるケガの心配があるので、避けた方がいいかもしれません。

休養後はクライミング以外のスポーツを実践

様々なスポーツをやることで、クライミングにも好影響をもたらす

スキー、スノーボード
バランス感覚を養える

テニスなどの球技
脚力、瞬発力の強化

スラックライン
バランス、体幹を養える

トランポリン
空中の姿勢保持

特に海外の選手は「クロストレーニング」という考え方が浸透していて、クライミングと並行していろいろな競技をする

基礎トレーニング期②

クライミングと並行して筋力系のトレーニングも入れる

レベルに応じて無理のない範囲で行う

基礎トレーニング期は、ベースとなる基礎体力の向上を目標とします。ここではこの時期におすすめのメニューの具体的なやり方を紹介していきます。

①サーキットトレーニング

５～８種類のトレーニングを選び、レベルに応じてそれぞれの回数、時間、セット数を設定します。各トレーニングを順番にテンポよく行っていきます。チームで行う場合、トレーニング数より少ない班に分けると、待ち時間がなくなるため効率よく行えます。またトレーニング間の移動時間もロスタイムになるので、移動は速やかにします。

②テンポクライミング

傾斜の強い壁で、オンサイトグレードで２～４レベルを下げて30手程度のルートを設定し、２人組で交互に登ります。２時間で１人６本。つまり１本につき10分しかないので、ルート中のレストは禁止。登ったルートとフォールの回数を記録して、今後のトレーニングプラン作成のときの材料にします。

③スタンダードクライミング

２時間程度で、ウォーミングアップ２本、プロジェクト２本、エンデュランス４本を順番に登ります。ウォーミングアップは易し過ぎないルートを選択して、１本目より２本目の難易度を上げます。プロジェクトは通常のレッドポイントグレードよりも３グレード程度上げてチャレンジします。目安としてテンションフォールが５回以内のルートにします。エンデュランスはオンサイトグレードからトライして、少しずつグレードを上げていきます。フォールしないギリギリのレベルに設定します。これもルートやフォールを記録して、プランニングの参考にします。

筋力系トレーニング

サーキットトレーニング一例
(30~60分)

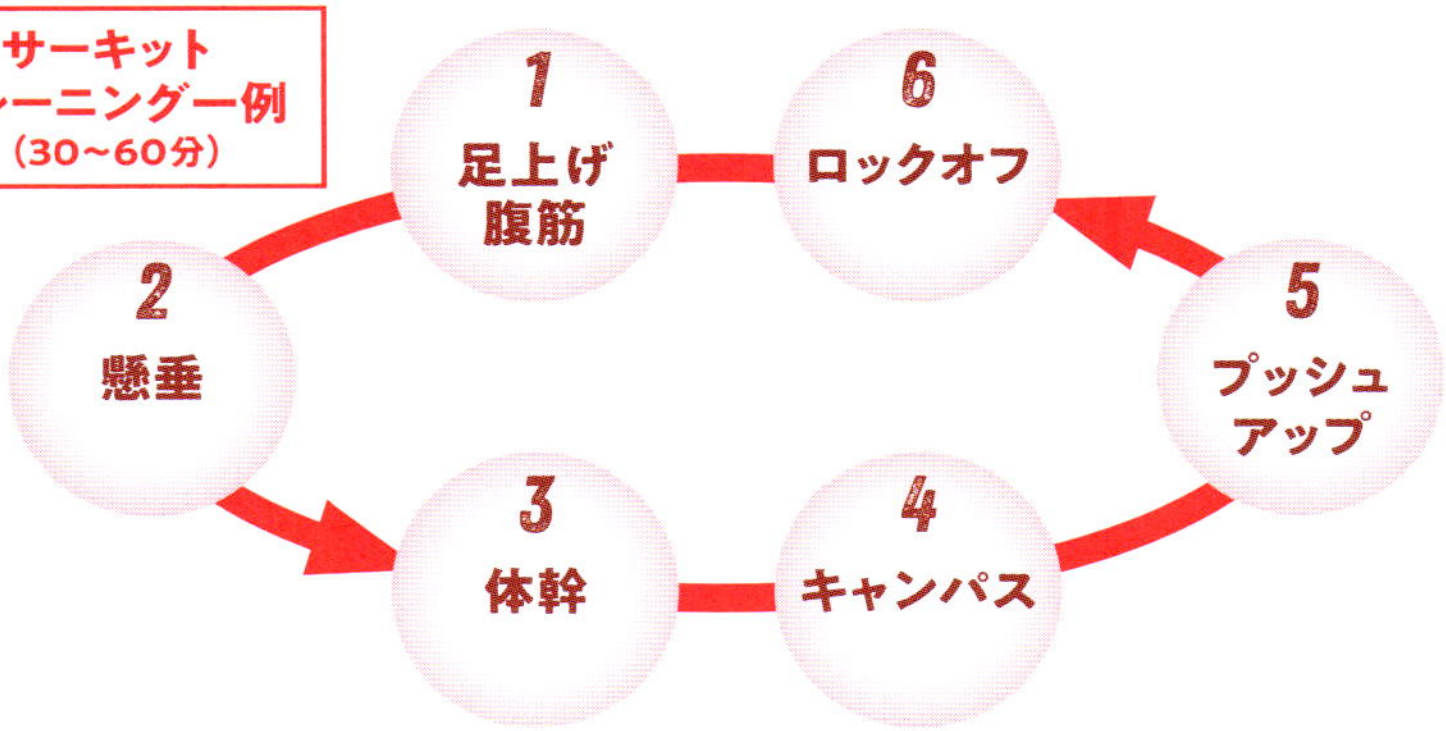

基礎的なクライミングトレーニング

テンポクライミング

持久系トレーニング（リードクライミングでのトレーニングがおすすめ）

スタンダードクライミング
(80~120分)

テクニックトレーニング

テクニックを高めればクライマーとしての幅が広がる

クライミング能力の幅を広げることが大切

クライミングのテクニックを磨くのも、ベーシック期が適しています。どんなクライマーでも、クセやクライミングの傾向が表れるものです。これをプラスに捉えれば、長所ともいえるのですが、長所に頼った登り方をしている限りは、弱点はいつまでも弱点のままです。

クライミング中は、どうしても完登したいという意識が強く働きます。このためもっと有効なムーブがあるのに、慣れていて得意な方法でクリアしようとします。もっと楽な登り方はないかを考え続けることは、とても大切なこと。これを追求することによって、選手としての限界を引き上げてくれます。

テクニックトレーニングの具体的な方法を紹介していきます。

①ストレンジムーブ

あえて変わったムーブをする練習です。たとえば壁に背を向けて、背面にあるホールドを取ったり、手の力を使わずに、足だけでランジしたり、ルーフでヘリコプタームーブをしたり…。何度も繰り返して、身体に覚え込ませ、動きが滑らかになるまで行いましょう。

②同種のホールドでルート設定

同種のホールドだけで12手程度のルートを設定して登ります。6セット（5分間のレストを入れる）。ホールドによって、次のムーブへのつなげやすさに向き不向きがありますが、それを克服します。

③足を置く正確性を高める

足をよく見てムーブして、足をホールドに置く正確性を高めます。

④エクササイズ

次のホールドを取るときに、手をホールドの上で3秒間止めてから取ります。

テクニックのチェックポイント

1 タイミング

次のホールドを取りに行くときの
タイミングをチェックしてみる

2 下足の使い方

ホールドには乗れなくても、
壁を使えば楽になることがある

3 シークエンス(動作の順序)

手が先か、足が先かによって、
その後のムーブが変わってくる

4 距離感を知る

自分の身体のサイズによって、届くホールドと届かない
ホールドがある。正確な距離感を持っておく

ストレンジムーブの例

1. 壁に背中を向けてホールドする
2. 手の力を使わずランジする
3. ルーフでヘリコプタームーブ
4. 足を先行させる
5. 片手クライミング　など

※易しいものからトライしよう

ココをチェック! 弱点の見つけ方

1 動きをチェックする

自分の動きがどうなっているかチェックする。動画などで撮影するのも効果的

2 落ちた原因を分析する

落ちる原因は、主に4つに分類できる。①動きの悪さ、②柔軟性が足りない、③筋力不足、④保持力不足。どれが原因か分析して、改善していく

ビルドアップ期

追い込む筋力トレーニングで筋肉を肥大化させる

ケガをしないように必要なレストを入れる

基礎トレーニングでフィジカルが戻ったら、それをベースとして、以前より高いレベルを目指して、クライミングのための専門的な体力を強化していくのが、ビルドアップ期です。筋肉を肥大化させて、次のマックスパワー期で発揮できるようにします。ピリオダイゼーションの期分けで、ビルドアップ期とマックスパワー期を一緒にするという考え方もあります。次に紹介するトレーニングもビルドアップとマックスパワーの両方の要素を含んでいます。

ビルドアップ期でも、数種類のトレーニングを連続して行うのが一般的です。チームで行う場合は、トレーニング数より少ない班に分けて、ロスタイムのないようにします。ただしベーシック期のトレーニングよりも強度が上がっているものもあるので、必要なレストを取りながら、ケガをしないように取り組みます。ビルドアップトレーニングは、強度の高い筋力系トレーニング5種類を連続して行います。片手プルアップ、ロックプルアップ、キャンパストレーニングは、3章「トレーニングメニュー」で紹介しています。ここでは説明していない2種目について補足しておきます。ボルダリングトレーニングは、完登できるかできないかの難易度の10〜15手程度のルートを設定します。そこを4連続でトライ。完登できないときには少し易しくして行います。フィックセーショントレーニングは、保持力をアップするトレーニングです。スローパー、カチ、ピンチ、ポケットといった各種のホールドを7〜15秒間保持し続けます。2〜3分間のレストを入れて、2〜3セット連続で行いましょう。

ビルドアップトレーニングのメニュー

1	片手プルアップ	足の補助、スリングの補助を利用して行う
2	ロックプルアップ	3種類のプルアップを可能な限り繰り返す
3	ボルダリングトレーニング	完登できるかできないかのルートを設定する
4	キャンパストレーニング	4種類のキャンパストレーニングを連続でやって1セットとして、2セット行う
5	フィックセーション	各種のホールドを7～15秒保持する

超回復で筋肥大する

最大筋力を発揮するようなトレーニングを一定期間続けると、筋細胞が一時的に損傷する。その筋肉が再生するとき、以前よりも高い筋力になって復元しようとする。これを超回復という。ビルドアップ期には、超回復を利用したトレーニングプランを立てることも効果的だ

マックスパワー期①

マックスパワー期の3種類のボルダリングトレーニング

高難度、高負荷で最大パワーを引き出す

ボルダリングトレーニング①

8～10手のルートを、あえて持ちにくいホールドで設定します。ゆっくりとスタティックに動くようにします。ランジは使いません。易しすぎたらホールド上で3秒程度静止しながら行います。

ボルダリングトレーニング②

同種類の悪いホールド2手から、デッド気味に少し良いホールドを取ります。これを左右5回行います。さらにこのムーブを含む10手程度のルートを作って、5回トライします。前後の難易度はそれほど高くしません。次に少し良いホールドから悪いホールドを取るパターンでも同じことをやります。間には15分間のレストを入れます。

ボルダリングトレーニング③

最大12手の課題を4～5種類設定します。このとき課題内容には次のようなテーマを持たせます。①スローパー（オープンハンド）系②クリンプ系③ピンチ系④ポケット系⑤ハードムーブ系。それぞれの課題を3～5分のレストを挟みながら、5～7回行います。

クライミングの仕方で負荷を高める

簡単にクリアできるようになったら、1回ごとに次のような手順で負荷を高める

- **1回目** ▶ 普通のスピードで登る
- **2回目** ▶ ゆっくり登る
- **3回目** ▶ 次のホールド上で3～5秒間静止してから取る
- **4回目** ▶ 3回目でやった待機する手の位置をホールド先まで伸ばして静止させる
- **5回目** ▶ 身体を振らずに正対したまま登る

ボルダリングトレーニング①

手数	8~10手
設定	あえて持ちにくいホールドを使用する
やり方	ゆっくりと時間をかけて動く。ホールド上で1手ごとに静止しながら動く

ボルダリングトレーニング②

手数	10手程度
設定	悪いホールドから良いホールドへつながるポイントを作る。その逆もあり
やり方	トライは5回まで。15分間の休みを入れる

ボルダリングトレーニング③

手数	最大12手
設定	テーマ別に4~5種類のルートを作る
やり方	それぞれの課題を5~7回行う。3~5分間休みを入れる

マックスパワー期②

マックスパワー期に適した3種類のリードトレーニング

高難度、高負荷のルートで限界点を引き上げる

引き続きマックスパワー期のトレーニングを紹介していきます。

①エンデュランストレーニング

オンサイトグレードか、それよりも1つ上のグレードのルートで行います。絶対に落ちないという意識で挑むことが大切です。どうしてもフォールしそうになったら、他のホールドを持ってでも辛抱します。15分程度のレストを挟んで、3セット行います。

②プロジェクトトレーニング

オンサイトグレードよりも4~5グレード上のルートを、3ルート設定します。目安としては、10手以上は続けられないくらいの厳しい難易度です。途中で先へ進めないムーブが出てくるはずです。ハングドッグして、そこを3回までトライしましょう。それでもできないときはホールドを加えて続け、最後までやり切ります。ただし15分以上かかったときはそこで打ち切ります。15分間のレストを挟んで、次のルートに挑戦しましょう。3ルートまで行います。

③往復トレーニング

レベルの近い2人が、周回ルートを進むスピードを競い合いながら行います。休まずに30手くらいまでならなんとか続けられるルートを、30~60手で1周するように設定します。グレードを少しずつ落として5ルート作っておきます。1つのルートにつき3周したら次の易しい課題に進みます。同レベルの選手と組んでデッドヒートになるようにします。楽しみながら、競争心を刺激できるトレーニング方法です。いつの間にか「30手×3周×5ルート=450手」の超ロング課題のマルチピッチルートをこなしたことになります。

①エンデュランストレーニング

難易度	オンサイトグレードか、1つ上のグレード
やり方	絶対に落ちないという意識で、落ちそうになったら他のホールドを持って我慢する
セット数	3セット、15分間のレストを挟む

②プロジェクトトレーニング

難易度	オンサイトグレードの4~5グレード上
やり方	進めないポイントも、休みながら3回までトライする。
セット数	3ルート設定して、15分間のレストを入れながら順番にトライする

③往復トレーニング

難易度	30手くらいまで続けられる60手までの周回ルート
やり方	同レベルの2人組で、スピードを競う
セット数	グレードを少しずつ下げた5ルート設定して、1ルートにつき3周

エンデュランス期

前腕の持久力を高めるリードトレーニング

トレーニング中のレストの時間とタイミング

エンデュランス期には、筋肉の持久力と、パンプに対する回復力をつけることが目的です。パンプするのを遅らせれば、レストを挟まずに多くの手数を進められます。ここでは、ルートの途中でレストは入れません。またどうしても落ちそうなときは他のホールドを利用してでも続けるようにします。

①ボルダリング壁のトレーニング

流れるようなムーブができる30手の課題を設定します。2分間のレストを入れながら、3本行って1セットとします。これを4セット行います。セット間には15分間のレストを入れます。

②インテンシブトレーニング

時間の制限を設けずに、ハードルートにトライします。ルートは4本設定しておきます。同じルートを3連続トライして1セット、これを4セット（4ルート）行います。トライの間には2分間、セット間には15分間のレストを入れます。パンプして落ちるのはいいですが、ムーブが難しすぎてはエンデュランスのトレーニングになりません。そういう場合はホールドを加えても続けるようにします。

③エクステンシブトレーニング

レストを挟まずに、いろいろなルートを5本連続で登ります。グレードは少し易しいくらいのものにします。これを4セット行います。

④ダブルルートトレーニング

2本のルートを連続で登ります。2本目が難しいと登れなくなる可能性があるため、1本目よりも易しくします。2本を1セットとして、6セット行います。合計12本のルートを登ることになります。セット間には15～20分のレストを入れます。

①ボルダリング壁のトレーニング

設定
30手の流れるようなムーブができるグレード

セット数
2分間のレストを入れて3本で1セット。セット間には15分間のレストを入れて、合計4セット

②インテンシブトレーニング

設定
ハードルートを4ルート

セット数
同じルートを3連続トライして1セット。これを4ルート行う

③エクステンシブトレーニング

設定
少し易しいグレードを5ルート

セット数
5ルート連続で登って1セット。これを4セット行う

④ダブルルートトレーニング

設定
難易度を変えて2ルート

セット数
1本目は難しいルート、2本目は易しいルートとして2本で1セット。これを6セット行う。セット間は15分以上のレストを入れる

調整期

大会に向けて成果を維持してコンディションを整える

大会について具体的にシミュレーションする

ここまで取り組んできたトレーニングの成果を大会で発揮できるように、調整期には心身ともにコンディションを整えます。

一方でこれまでのトレーニングで足りないところがあれば、それを補うトレーニングを適宜行います。

①シミュレーショントレーニング

新たなルートを設定して、オブザベーション～予選～準決勝～決勝をイメージしながら登ります。

②補足トレーニング

シミュレーショントレーニングをしながら、不足点や弱点が見つかったらそれに特化したトレーニングを行います。

③脳トレーニング

大会に必要な記憶力やムーブの解決力を養います。25手の課題を2分間のオブザベーションで覚えて登ります。

④ミラートレーニング

2人組になってゲーム感覚で登るトレーニングです。シミュレーショントレーニングとセットで行います。1人がムーブを再現します。このとき1か所だけわざと間違えます。もう1人はその間違いを指摘します。

⑤エリミネイショントレーニング

数人のグループを作ります。スタートとゴール、そして使用できるホールドの範囲を決めて、テープなどで印をつけておきます。1人ずつ順番に登っていきますが、使ったホールドの中から1つを使用禁止にします。あとから登る人は、使用禁止のホールドを覚えて、ムーブを組み立てておき、順番がきたらすぐにトライします。これを全員が登れなくなるまで続けます。

調整期はどう過ごせばいいのか!?

1 本番をシミュレーションする

2 コンディションを整える

3 トレーニングしてきた成果を維持するためのクライミングをする

4 オブザベーションでムーブの解決力をつける

5 クライミングに必要な記憶力を養う

6 過去の映像をチェックする

7 本番を想定した生活をする

8 大会と同じグレードのルートを登ってみる

本番をイメージして、オブザベーションをして、それがうまくいくかの登ってみる

大会期

大会期でもモチベーションとフィジカルを保つためにトレーニング

疲労は残さないがある程度のトレーニングは必要

大会は1度出場して終わりではなく、一般的にはシーズン中にいくつかの大会に出場することになります。この間何もしないで過ごしていたら、コンディションが悪くなるばかりか、フィジカルやテクニックなども低下してしまいます。大会期でもある程度のトレーニングは必要です。

負荷が軽い持久系トレーニングやシミュレーショントレーニングを行います。また基礎トレーニングは定期的にやって、フィジカルを高いレベルで保つようにします。当然のことですが、疲労が残らない軽いトレーニングにとどめておきます。

リードを目標としていてもボルダリングの壁を登るトレーニングに取り組むのも効果的です。ルートの傾斜やホールドのパターンなどは様々なバリエーションを用意しておきます。それを、制限時間を意識しながら、時間内で登るようにしましょう。

オンタイムトレーニング

リードの場合、5分や6分と制限時間を決めて、35～40手のルートを、制限時間ぴったりで登るようにします。時間の感覚を研ぎ澄ませ、制限時間を身体で覚えるのが目的です。ボルダリングでは、予選なら5課題を大会と同じように登るトレーニングをしましょう。

大会核心トレーニング

大会のルートには予選通過のラインとなる核心が1～2か所設定してあります。それに備えたトレーニングをします。予選のグレードを予想して、途中でグレードを変化させたルートを設定して登ります。普段通っていないジムへ行って、オンサイトトライするのも良い練習になります。

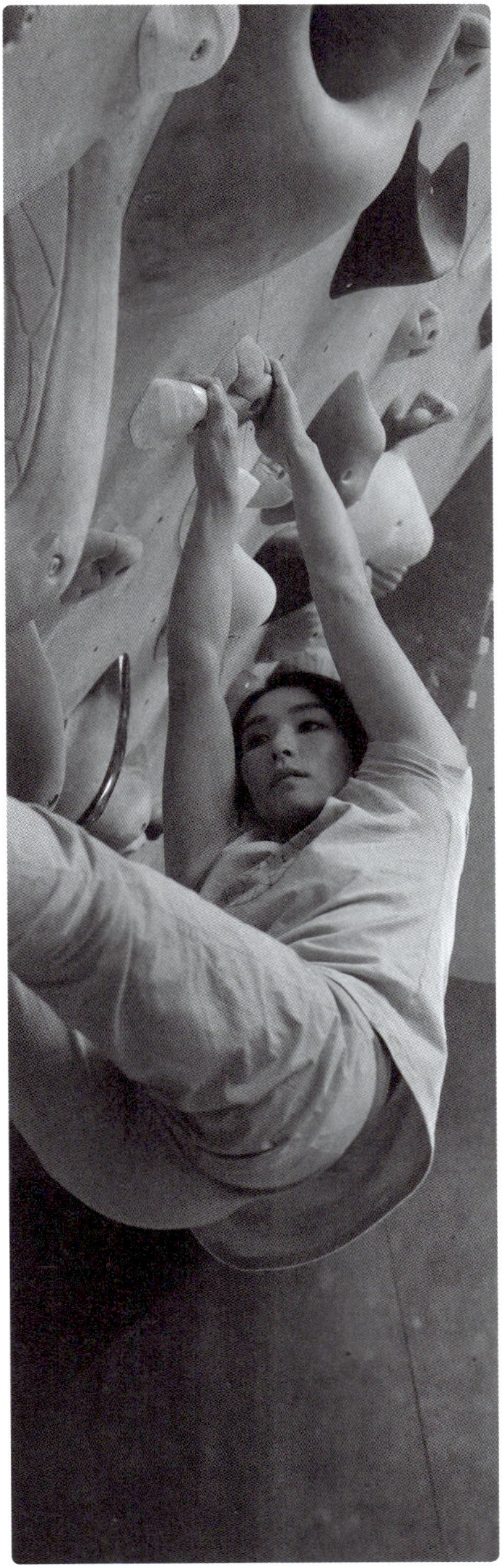

グロバッツトレーニング

ねらい
簡単なルートを時間をかけて登り、持久力を維持する。新しい動きや判断力を向上させる

やり方
トレーナーが次のホールドを5秒間隠しながら選手にゆっくりと登らせる。レーザーポインターで次のホールドを指示しながら登らせることもできる。これも1手に5秒程度かけてゆっくり登らせる

オンタイムトレーニング

ねらい
大会で登っている実際の時間と、体感時間を近づける

やり方
制限時間を決めて、その時間で登る。

大会核心トレーニング

ねらい
大会の核心に特化した練習をしておく

やり方
大会のグレードを予測して、核心を設定して登る。

休養期の過ごし方

疲れ切った心と身体を休ませて次のシーズンに備える

シーズン後は3週間程度完全休養する

大会シーズンが終わると、心身ともに力を使い果たしているはずです。そこで3週間程度の完全休養を入れます。これが休養期です。

クライミングはしないで、身体を完全に休ませて、身体をリセットします。精神的にもリラックスして、次のシーズンへの鋭気を蓄えます。ダメージを受けている部位や、ケガをしているところがあるなら、この間に治療に専念します。

ファンクライミングでリフレッシュする

子どもたちにクライミングの楽しさを伝えることもできる

ボルダリングでゲーム

トランプを使ったチーム対抗戦。たとえば、スペードチームとハートチームにわけて、カードを壁にセットする。順番に壁に登ってカードをめくり、自チームのカードを探す。違っていたら元に戻しておく。最初に自チームのカードをすべ持ち帰ったチームが勝利となる

トップロープで行うファンクライミングの一例

大会中はフォールできないと精神的に追いこんでクライミングをしてきた。落ちてもケガの心配のないトップロープで、リラックスクライミングをする

1 目隠しクライミング

視覚に頼らず、手の感覚、平衡感覚を研ぎ澄ます

2 風船クライミング

風船を弾ませながら登ることで、余計な力が抜ける

3 2人組風船クライミング

パートナーと風船を見るため、クライミング中の視野が広がる

4 スリングで動きを制限

手にスリングを通して、動きを制限してクライミングします。使える部位だけで登ることで、今まで気づかなかった身体の使い方ができるかもしれない

Column

4

リスクを考えながら安全に楽しく登ろう！

クライミングは、ただでさえ高いところから落ちるリスクのあるスポーツです。ケガには細心の注意を払って、安全にいつまでも楽しみたいものです。

落ち方をイメージしておくことは重要です。落ちたことがない人ほど、とっさに変な動きで身を守ろうとしてしまいます。特に子どもたちには、落ちるときの動作を実演して、見せてあげることは大切だと思います。

順番を待つときには、必ず壁から離れておきます。道具や荷物などをマットの上に置くことのないようにしましょう。落ちる側も余裕があれば、下を見て安全を確認してからにしたいものです。

トレーニングでのケガにも注意しましょう。トレーニング強度は、無理のない範囲で少しずつ上げていくようにします。焦って強度を上げても、ケガをしてしまったらその間トレーニングができないのですから、結局成長の機会を失うことになってしまいます。

PART 5

クライマーの成長と戦略

ボルダリングの競技特性

設定された課題の完登数を競うのがボルダリング

命綱となるロープを使わず自分の身体だけで登る

　ボルダリングは命綱となるロープを使わず、3～5mくらいの低い壁を登ります。初心者はボルダリングから始めて、テクニックを学んでいくのがおすすめです。というのも、ロープクライミングと比べると道具も少なく、1人で手軽に始められるからです。またボルダリングができる施設は多いので、通いやすいという点でも、練習回数を増やすことができます。

　ロープを使わないため、落ちるときには自分の安全は自分で確保しなければなりません。マットが敷いてあるとはいえ、いきなりお尻や背中から落ちたらケガをします。まずはヒザのクッションで衝撃を吸収して、その後にお尻、背中を丸めて転がるようにしましょう。

　また途中でパンプしたり、挑戦したグレードが高過ぎたりしたらまず下を見て、落ちる場所の安全を確認します。それでもまだ余裕があれば、少しでもホールドを使って降りて、できるだけ低いところから落ちると衝撃もそれだけ和らげられます。

Column

ボルダリングの楽しみ

ボルダリングは、ムーブのバリエーションが多く
ルートをどのように攻略するかを考える
戦略性が高い

↓

思い描いたとおりに完登したときの喜びが大きい

ボルダリングの競技特性

戦略
安定したメンタル
フィジカルの強さ
柔軟性
身体の協調性
瞬発力
保持力
持久力
正確な技術
ボルダリング
幅広い身体能力を持たないといけない。結果を出すには時間も必要だ

ボルダリングの勝利戦略

ボルダリングは、課題のバリエーションが豊富

⬇

身体能力、オブザベーション能力など、総合的なクライミング技術を高めることが必要!「身体を使うチェス」とも

①様々なムーブやホールディングを使いこなすテクニック
②身体能力の高さ　③短時間でルートを分析、判断する能力
④メンタルの強さ　⑤回復力、持続力
海外では「コンフィデンス(自信・大胆さ)」という単語で表現される!

⬇

一度で完登できなくてもあきらめない!
2度目以降のチャレンジで集中力を切らさないメンタルも重要

⬇

**トライとトライの間には、適切な時間休んで疲労を取り除く
その間にもう一度オブザベーション!**

⬇

**制限時間内で何度トライするか、何秒休むか
時計を見ながら、冷静に判断する**

リードの競技特性

登った高さを競うリード競技はクライマーの最終目標になる

登ったところの支点にロープをクリップして登る

　リードは登った高さを競い合う、クライマーの最終目標といえる種目です。ルートの途中にいくつもの支点が設置してあって、登ったぶんだけ自分でロープをクリップしていきます。ロープクライミングは、ロープやハーネスといった道具や、パートナーとなるビレイヤーが必要な分だけ、ボルダリングと比べるとやや敷居が高くなります。

　最低でも最後の支点の2倍の距離を落ちます。最後にクリップしたところから高く登るほど、落ちたときに衝撃が大きくなります。初心者にはこの恐怖心も障壁となります。テクニックや体力をつけてから挑戦しましょう。

　クリップするときには、どちらかの手をホールドから離さなければなりません。3点支持や2点支持で身体を安定させて、必要な分だけロープを手繰り寄せ、クリップします。この過程をスムーズに行えるようにテクニックをつけて、オブザベーションの段階から、どのようにホールドして、どこでレストするかまで考えておかなければなりません。

Column

リードの楽しみ

ルートの攻略方法の読み、道具や安全への理解

↓

恐怖心を克服し、自らの限界を押し上げていく
感覚はボルダリング以上の達成感がある

リードの競技特性

判断・勇気
戦略
練習量
保持力
持久力
技術
リード
練習が成果に結びつきやすい競技である。保持力と持久力がとくに重要

リードの勝利戦略

登れば登るほど恐怖心が大きくなる

↓

恐怖心の克服が最大の課題

↓

①テクニックや体力、筋力をしっかりと高める
②メンタルを強く
③長く登るための持久力
④必要なところでは、惜しまず最大の力を発揮する
⑤省エネクライミングを目指す!

↓

テクニックの正確性
ルートを正確に読んでスムーズに登る
クリップのテクニック

スピードの競技特性

世界共通のルートでゴールまでのスピードを競う

自分の登り方を決めそれを極めていく

スピードは、スタートからゴールまでのタイムを競います。そして、競技方法はトップロープで行われ、2人のプレーヤーが並んで競い合います。

スピードのルートのホールドや形状は、世界共通で決められたものです。高さ15ｍの壁のスタート地点とゴール地点にはスイッチがあり、この間のタイムを計測します。

完登には中級者レベルの能力が必要です。

ボルダリングが、知的な要素を含んでいるのと比べると、スピードは純粋に身体能力を競い合います。そういう意味では、陸上競技に近く、しかも１００ｍ走のような短距離走に例えられることもあります。

また他の2種目は、大会で設置されたルートとの戦いになりますが、スピードは純粋にタイムとの戦いです。ルートをどうやって登るかは決まっていて、それを練習で徹底的に追求していき、後は本番でそれを出すだけ、という競技特性があります。

Column

スピードの魅力

恐怖心が少なく、
ビレイヤーのアドバイスも受けられる

↓

初心者に向いている

スピードの競技特性

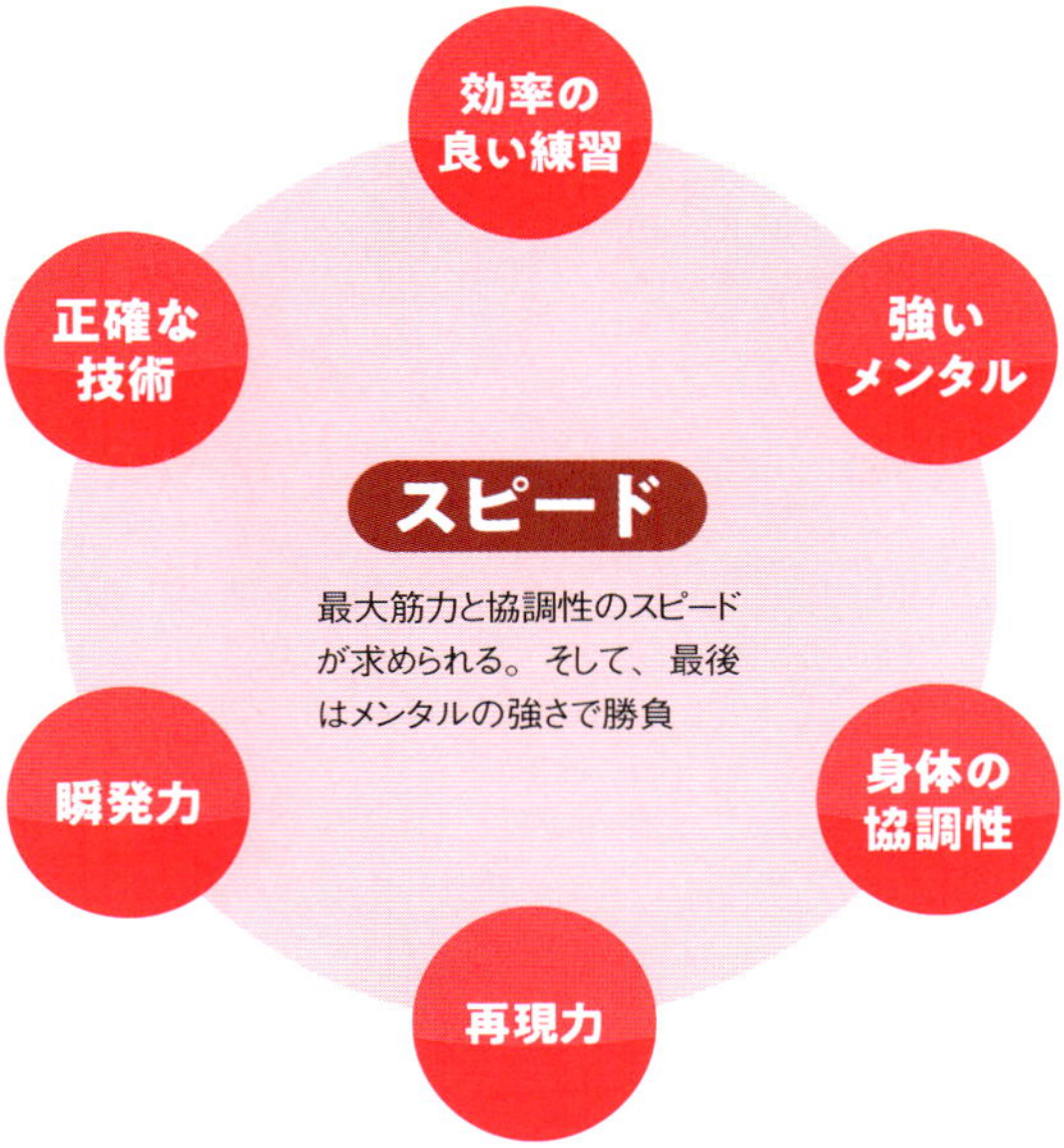
効率の良い練習
強いメンタル
身体の協調性
再現力
瞬発力
正確な技術
スピード
最大筋力と協調性のスピードが求められる。そして、最後はメンタルの強さで勝負

スピードの勝利戦略

世界共通の決まったルートを登る

⬇

どうやって登るか決めたら、その動きを追求していく

⬇

①自分に合った登り方を決める
②自分の登り方のムダを省いていく
③瞬発力、筋力など身体能力が問われる

⬇

ボルダリングは足を乗せるホールドを見て正確に動かすがスピードは見ない

⬇

手の動き、足の動きなど、すべて決めているので後はそれを大会で再現するだけ

⬇

繰り返し登って、タイムを縮めていく

⬇

練習のほとんどは筋力トレーニングになる

成長曲線

成長度合いを決めるのは身体能力とクライミング技術

バランスよくトレーニングして効率よく成長したい

　学生は学校が優先されますし、社会人なら仕事をしなければなりません。いくらクライミングがうまくなりたいと思っても、毎日ジムに通って練習するというのは現実的ではありません。そこで、負担は少なく、そして効率よく上達したいと思うはずです。

　成長速度を決めるのは、その人の身体能力と、クライミング技術です。この2つをバランスよくトレーニングすれば、効率良く上達します。

　左ページのグラフを見てください。筋トレなどとスキルの習得を同時にバランスよく行っていけば、早い段階で成長期を迎えます。しかしトレーニングのバランスが悪かったり、方向性が間違っていたりすると、同じ回数の練習をしても、成長度合いは緩やかになる傾向があるのです。

　やがて成長は限界を迎えます。ただここでもう一度自分のトレーニングを見直し、方向性を決めるという作業をすれば、再びその限界を超えることができます。

成長速度を決める要素

1 身体能力　筋力、瞬発力、持久力など

2 技術　ホールディング、フットワーク、ムーブのテクニック、クライミングの知識、戦略など

3 知性（経験）　考える力、オブザベーション力

成長曲線グラフ

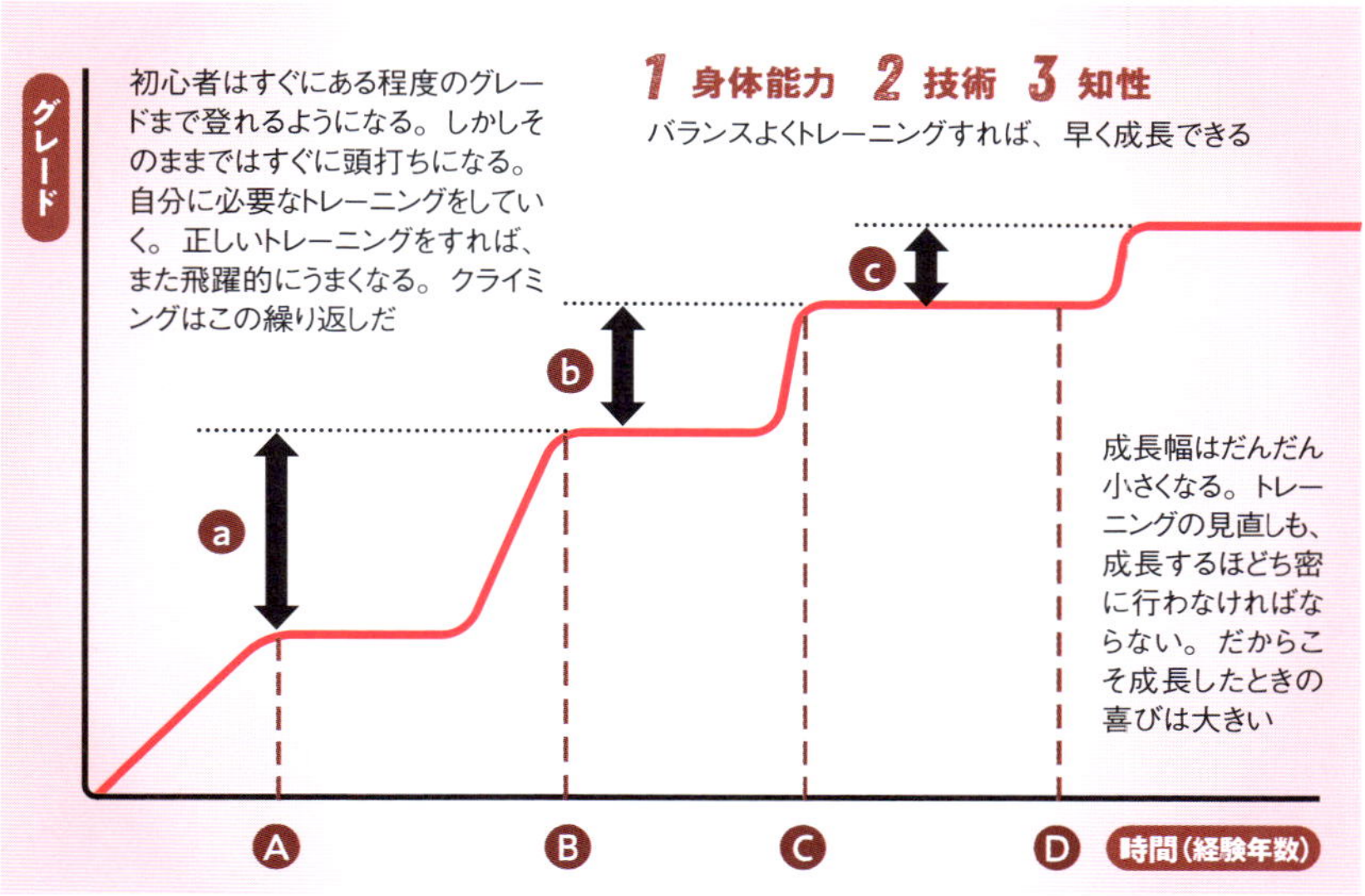
グレード
初心者はすぐにある程度のグレードまで登れるようになる。しかしそのままではすぐに頭打ちになる。自分に必要なトレーニングをしていく。正しいトレーニングをすれば、また飛躍的にうまくなる。クライミングはこの繰り返しだ
1 身体能力 2 技術 3 知性
バランスよくトレーニングすれば、早く成長できる
a
b
c
成長幅はだんだん小さくなる。トレーニングの見直しも、成長するほどち密に行わなければならない。だからこそ成長したときの喜びは大きい
A
B
C
D
時間(経験年数)

年齢によるピークは必ず訪れる

生涯スポーツとして考えるなら別だが、選手として活躍するためには、ピークを意識する必要がある

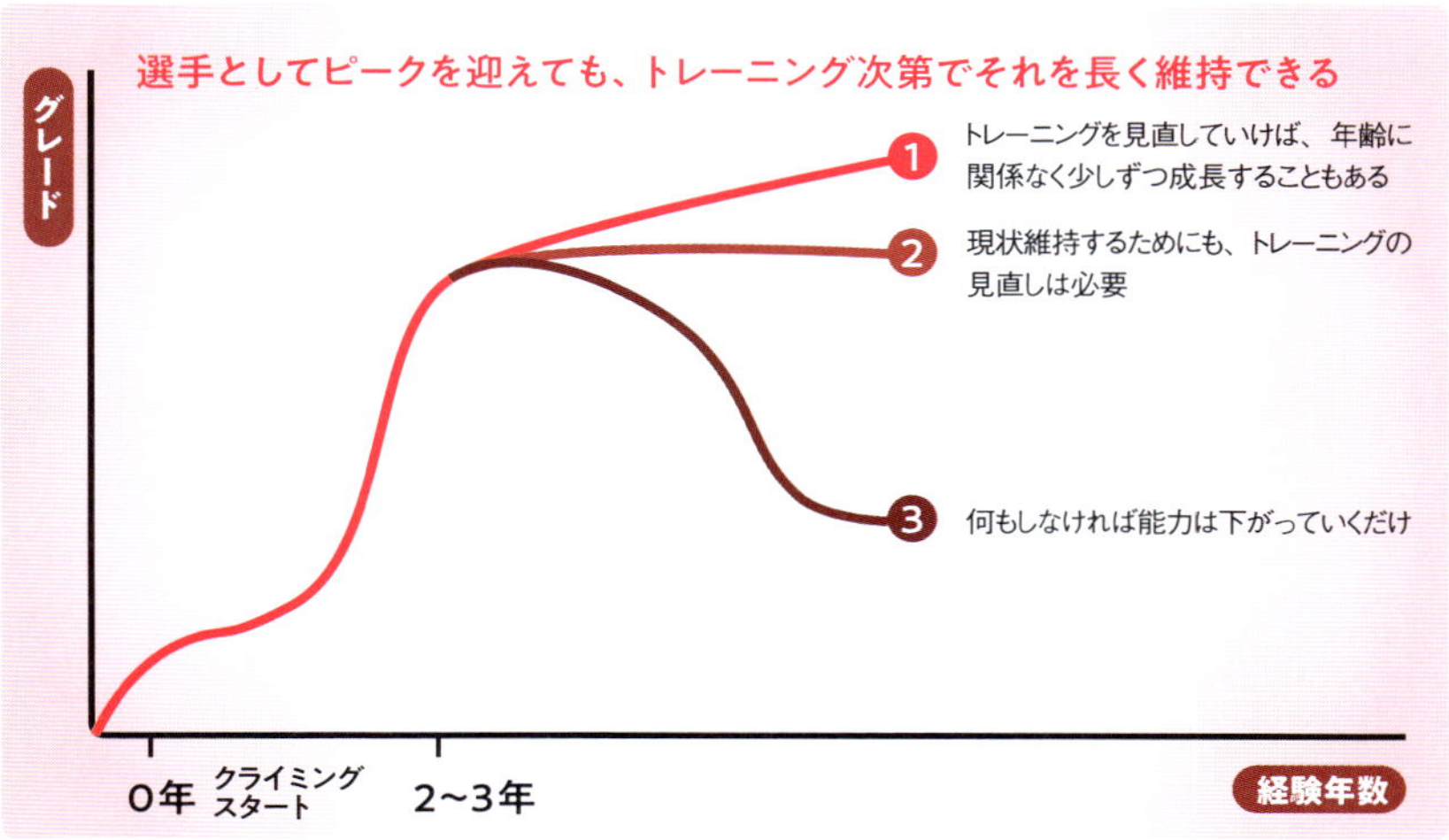
選手としてピークを迎えても、トレーニング次第でそれを長く維持できる
グレード
1 トレーニングを見直していけば、年齢に関係なく少しずつ成長することもある
2 現状維持するためにも、トレーニングの見直しは必要
3 何もしなければ能力は下がっていくだけ
0年 クライミングスタート
2〜3年
経験年数

パワーウェイトレシオ

体重が同じなら身体能力や筋量が高い方が有利になる

トレーニングは必要なものを必要なだけやることが大切

クライミングは身体を垂直に持ち上げる競技のため、トレーニングをするとき、パワーウェイトレシオを念頭に置きましょう。パワーウェイトレシオとは、元々は自動車の加速性能を測る値です。出力あたりの車体の重量が軽いほど加速性能に優れているということを表します。数値が小さいほど性能が良いということになります。筋骨隆々のボディビルダーと細身の女性が、初めてクライミングにチャレンジしたとします。腕相撲ならボディビルダーの圧勝でしょうが、クライミングでは女性の方がうまく登れる、ということが起こりうるのです。でもこの女性はグレードが高い壁も同じように登れるかというと、そうはいきません。トレーニングをして必要な筋肉をつけ、何度も登ってスキルを磨くことによって、クライマーとして成長していけるのです。トレーニングはただやればいいというものではなく、自分に必要なものを必要なだけやることが大切ということになります。やはりトレーニングには、自己分析が大切なのです。

クライマーの性能

パワーウェイトレシオ ＝ 車体重量 ÷ 出力

➡ これをクライマーに当てはめてみると…

車体重量 ＝「体重」　出力 ＝「身体能力」「スキル」

ということになる

クライマーに合う体型

ムキムキ筋骨隆々の男性

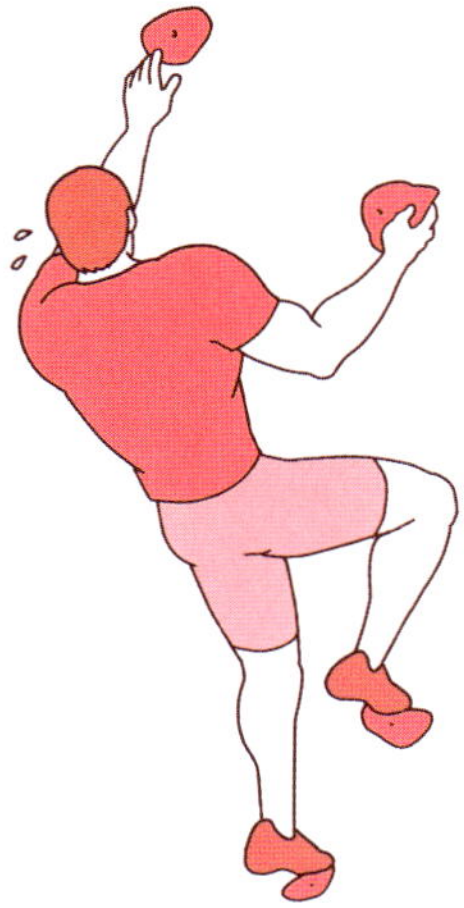

↓

壁を登ろうとしても
登れない

細身で手足が長い女性

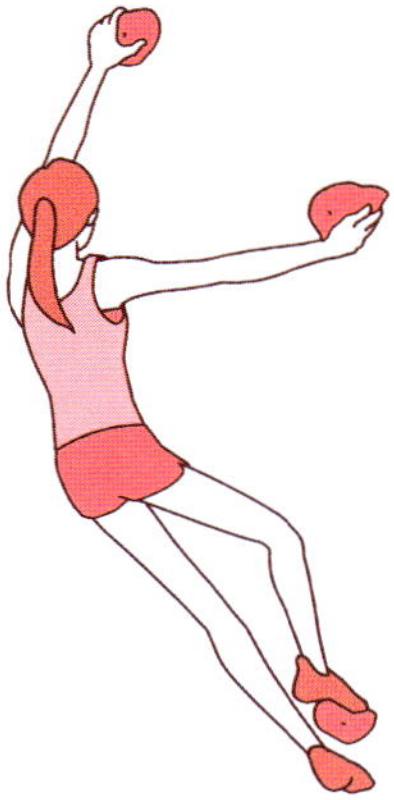

↓

軽々と登っている

一般的には、長身の方が有利と言われている。そのため、成長期にはきちんとした食事で身体を成長させよう

クライマーの体型例

例1

同じ身体能力やスキルなら……

体重80kg ÷ 10 ＝ 8 w/kg

体重40kg ÷ 10 ＝ 4 w/kg

↓

適正な体重を維持することが大切!
ただし食事制限をするのは、逆効果になる

例2

同じ身体能力やスキルなら……

体重60kg ÷ 5 ＝ 12 w/kg

体重60kg ÷ 10 ＝ 6 w/kg

↓

これがトレーニングの成果!

足を使って登る

クライミングは足と体幹の力を使い腕の力を温存するのが極意

ホールディングで方向付けて足の力で登る

「できるだけ足の力を使って登る」とか「もっと足の力を使って登れないか」を追求することが大切です。

足の力は、腕の力の数倍あると言われています。これは一般的に腕立てよりも、スクワットの方がたくさんできることからも明らかです。実際には腕立ては足にも体重がかかっているので、スクワットよりも楽なはずなのですが、それでも腕立ての方が辛いものです。

クライミングは、腕力や握力ばかりに頼っていると、すぐに疲労がたまり、パンプアップしてしまいます。そうならないために、腕力や握力のトレーニングをするのはもちろん重要ですが、同じくらい足を効果的に使って登ることが求められるのです。

逆に日常生活で歩いているだけで足のトレーニングをしているということになります。だからクライミングでは、足の使い方やテクニックを磨いていくことが大切です。うまいクライマーほど、ホールディングで身体の向きや方向を決めて、足の力をうまく使って楽に登っています。

足力をつけるトレーニング

1 片足スクワット

2 つま先立ち片足スクワット

3 バランスディスクの上でスクワット

難易度を上げていき、バランス感覚も同時に養おう!

足指を自在に動かせるようにする

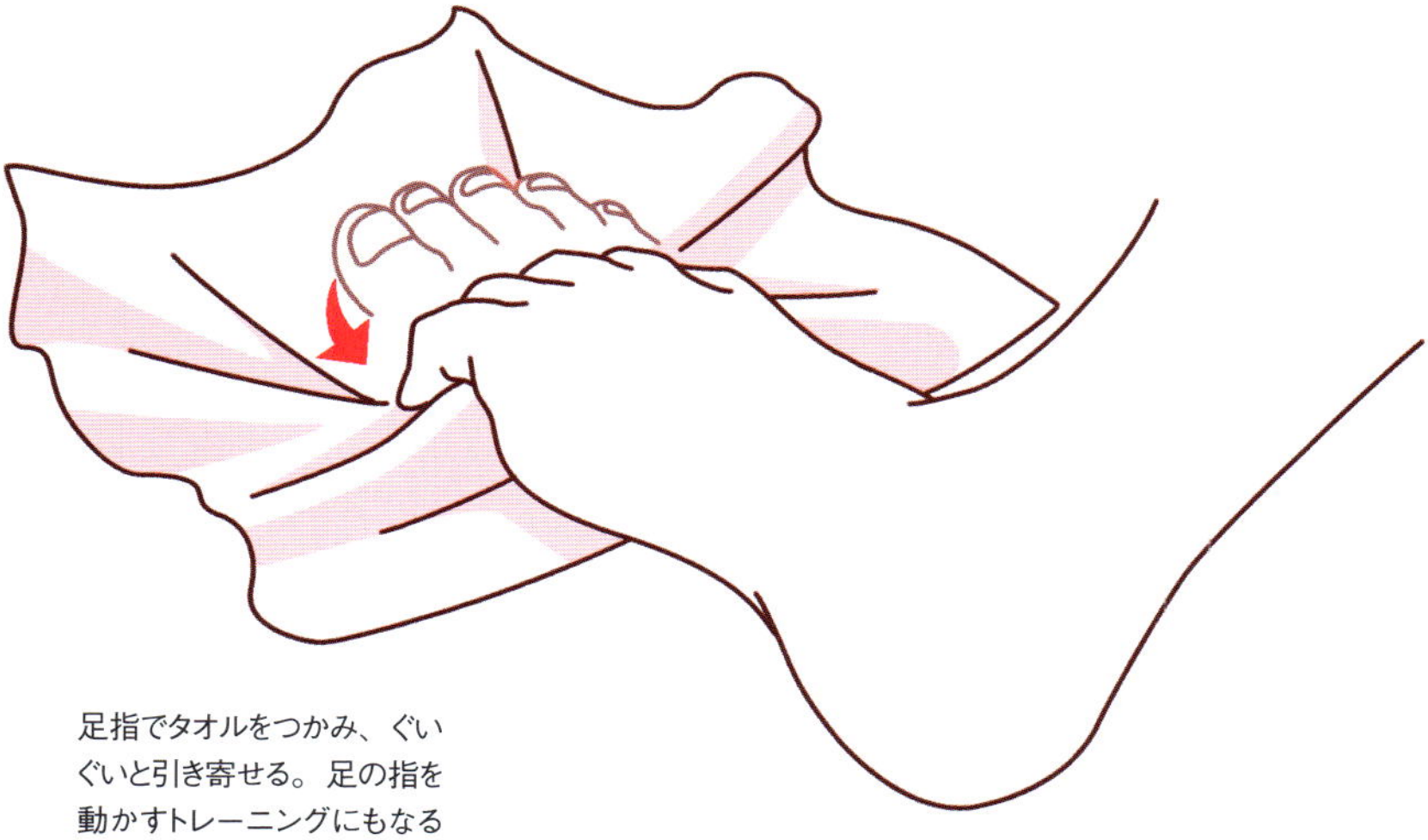

足指でタオルをつかみ、ぐいぐいと引き寄せる。足の指を動かすトレーニングにもなるし、足底筋も鍛えられる

裸足で登って感覚を養う

裸足でホールドに乗ると、シューズを履いているときよりも感覚が研ぎ澄まされる

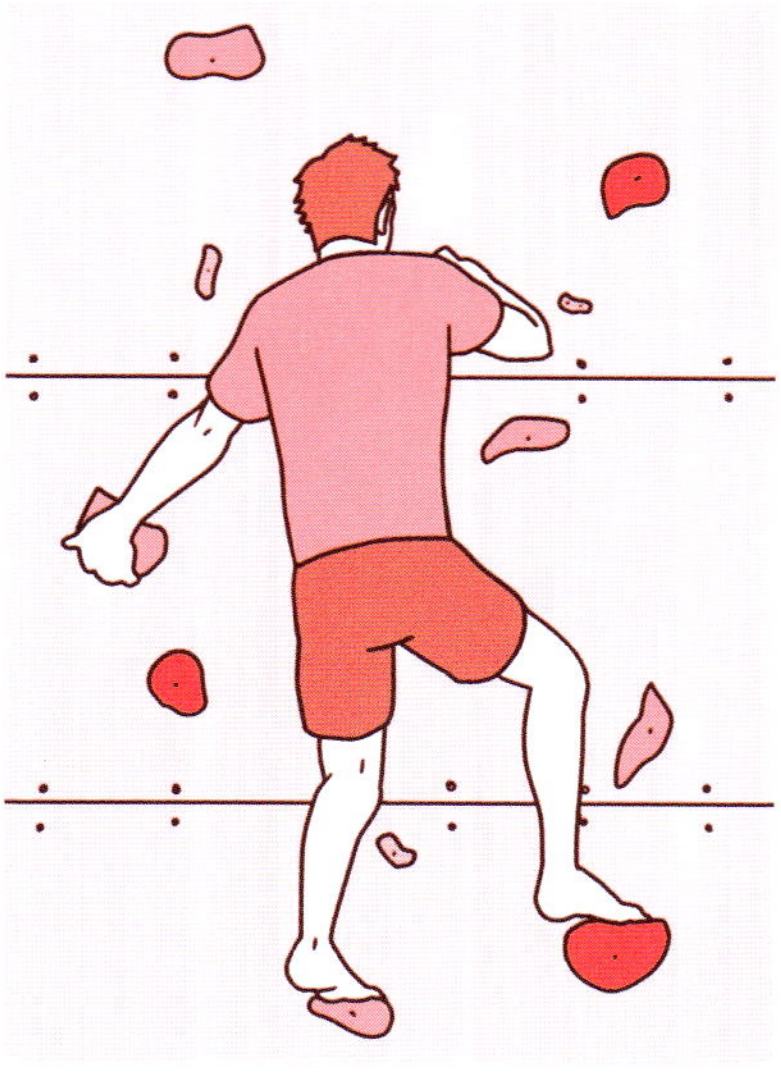

クライミングジムによっては衛生上、禁止しているところもある。自宅にホールドを設置してみるのもいい

※海外では手で持つホールドを足で直接触るのはマナー違反と感じることもあるので注意が必要

※衛生上、商業施設などではやらないように

スムーズに楽に登る

「もっと楽に登れないか」を可能にするのがテクニック

楽に登るための3か条
1 腕よりも足を使う
2 重心を支点に近づける
3 支点を重心に近づける

支点と重心が近い方が弱い力で物を動かせる

クライミングのテクニックが身につくと、同じルートをよりスムーズに、楽々と登れるようになります。つまりテクニックを磨くということは、「もっと楽に登る方法はないか」「そのためにはどういう身体の使い方をすればいいか」を追求していくことでもあるのです。

そして最終的にはもっと持ちにくいホールドを持つ、もっと遠くのホールドを持つということを追求していきます。

カウンターバランスの仕組み

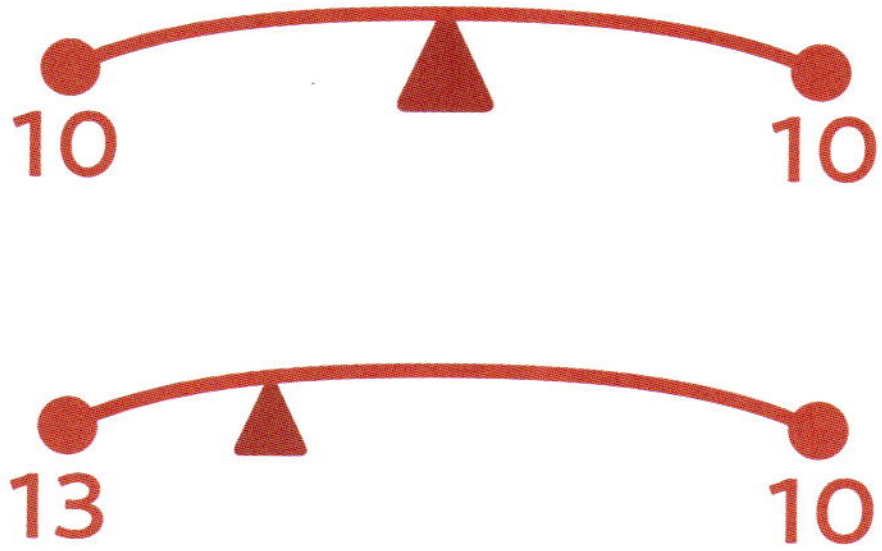

やじろべえは左右の重さが同じならバランスが取れる

↓

支点が動いてバランスが崩れそうなら、左右の重さを変えて調整してあげればいい。これが「カウンターバランス」の仕組み!

テコで左右バランスをとる場合

テコで左右のバランスを取ろうとするとき

↓

支点を動かすと、弱い力でバランスが取れる

テコで物を持ち上げる場合

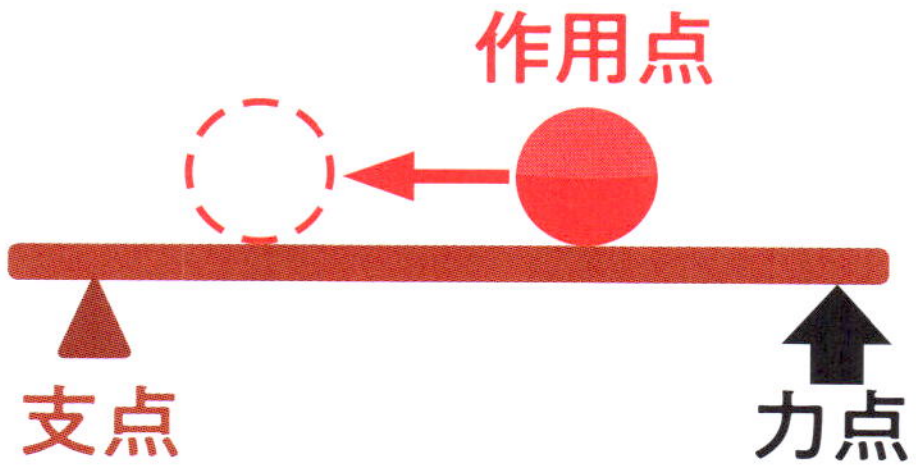

テコで物を持ち上げるとき

↓

持ち上げるものを支点に近づけると、弱い力で持ち上げられる

トレーニングのタイミング

そのトレーニングに適したタイミングを考えよう

最終的にはバランスよくトレーニングすることが大事

クライミングに必要な身体能力は、4つあります。それが「技術力」「持久力」「筋力」「柔軟性」です。最終的にはこの4つの能力をバランスよく高めていくことが、クライマーとしてどこまで成長できるかを決定づけます。この4つの能力には、練習するのに適したタイミングとやり方があります。それを順番に説明していきましょう。

「技術力」のトレーニングは、疲労の少ないときにやるものです。疲労してからでは、正確な動きの再現度は悪くなるためです。ウォーミングアップとして、技術的なトレーニングを含めれば、練習時間を短縮することもできます。取るべきときには、しっかりとした休養を取ることも大切なことです。

「持久力」は長いルートのクライミングや、インターバルトレーニングで高めていくものです。持久力を高めることによって、それだけ長く登り続けられるということですから、練習量を増やせるということにつながります。たくさん練習すれば、それだけ早くうまくなります。またインターバルトレーニングは回復力を高められるため、レスト時間を短くする効果があります。

「筋力」のトレーニングは、1回の練習の後半に入れます。疲れているとき、そこでさらに追い込むことによって筋肉は肥大していきます。逆に言うと、練習の最初にやってしまったら、その後の練習は身が入らなくなってしまいます。

ストレッチやマッサージは、ウォーミングアップとしてもいいですし、酷使した身体をほぐすためにもいいものです。目的に応じて、部位や方法を変えながらやりましょう。

クライミングに必要な4つのトレーニングのタイミング

技術力トレーニング

疲労を感じていない練習の前半にやる

↓

正確な動きを身体に覚えさせるものなので、疲労してからでは効果が出にくい。ウォーミングアップに組み入れてもいい

新しいムーブやストレンジムーブなども取り入れて、スキルを高めていく

持久力トレーニング

身体が十分に動かせる練習の中盤でやる

↓

長いルートを登ったり、インターバルを入れたりしながら、高めていく。持久力がつけば練習量を増やせる

回復力が高まれば、レストの時間を短くできる。結果的に練習が効率よくできる

筋力トレーニング

疲労を感じている練習の後半にやったり筋トレだけを行う練習日を作る

↓

適切なレストを入れながら、もう一段階追い込むことで筋肉は肥大する

一定期間徹底的に筋肉を追い込むトレーニングを行うと、パフォーマンスは下がる。そこから回復するときに、筋肉は以前よりも肥大する。この超回復を利用したトレーニングも考える

コンディショントレーニング

ストレッチの目的によってタイミングを考える

目的1

ストレッチ(柔軟性)

可動域を広げる

→ **練習の前後が適している**

目的2

セルフコンディション(ケガ予防)

筋力をほぐしケガを予防、パフォーマンスの低下を防ぐ

→ **トレーニングの前後に行う**

クライミングの5要素

「身体能力」「技術力」「戦略」「メンタル」「セルフプランニング」が重要

5つをバランスよく総合的に高めていく

クライミングには、５つの要素があります。それが「身体能力」「技術」「戦略」「メンタル」「セルフプランニング」です。どれも大切な要素なので、クライマーとしてレベルアップしたいと考えるなら、この５つを総合的に伸ばしていくことが大切です。

まず身体能力について。これはクライミングの素質も含めた、その人が持つ運動能力です。もちろん身体能力はトレーニングで高めていくものですが、このとき「パワーウェイトレシオ（Ｐ１３８）」にも目を向けて、伸ばしていきます。むやみに筋肉をつけることが、トレーニングではありません。

技術力がつけば、うまく登れるようになります。「うまく登る」というのは、「楽に登る」と言い換えられます。同じルートをより楽に登れるクライマーが、技術のあるクライマーなのです。これは同じルートを様々な方法で登れるということにもなりますから、技術に幅が生まれて、何かに頼った登り方から卒業できます。ルートを登っているときは、どうしても落ちたくないという意識が働き、得意なムーブを多用したくなりますが、苦手をなくしていくことも大切なのです。

戦略はルート攻略（オブザベーション）という側面と、成長戦略という側面があります。オブザベーションについては、１４８ページで説明します。成長戦略という点では、うまい人を見て、マネをできるクライマーは成長できます。女性は男性よりも筋力がないため、身体をうまく使って登る傾向があります。男性は女性が軽やかに登っていくときの身体の使い方を参考にしてみましょう。

クライマーに必要な5つの要素

身体能力

1 クライマーとして、どこまで成長できるかを決める
2 トレーニングによって向上させていく
3 パワーウェイトレシオも考慮して、高めていく

技術力

1 技術力が高まれば、うまく登れる
2 うまく登れるというのは、楽に登れるということ
3 技術の幅をつけると成長できる

戦略

1 オブザベーション能力をつける
2 うまい人のマネをする
3 男性なら、力を使っていない女性を参考にする

メンタル

1 恐怖心の克服
2 困難なトレーニング、ルートに立ち向かう
3 チャレンジ精神
4 集中力

セルフプランニング

1 身体の管理
2 生活習慣の管理
3 バランスの取れた食事
4 適切な休養

オブザベーション

壁を見てどのように登るか シミュレーションする

オブザベーションの手順

1 スタートとゴールを確認する

2 間にあるホールドをつないで、手足の動きをイメージする

3 スタートからゴールまで、頭の中のイメージで登ってみる

4 不安に感じる箇所、イメージしにくい箇所を洗い出して、別パターンを用意しておく

頭脳戦でもあることがクライミングの醍醐味

実際にクライミングをし始める直前に壁を見て、どのように登るかをシミュレーションすることを、オブザベーションといいます。上級者になると、ここでシミュレーションした通りに成功させることができます。それは頭で描いたクライミングのイメージと、実際の壁が一致していたということになります。それだけに狙った通りに成功できたときの喜びは格別です。

オブザベーションが、クライミングという身体を使ったスポーツに、頭脳戦という要素を含んだものにしています。オブザベーションがクライミングを奥深いものにしているとも言えます。

オブザベーションの手順を解説します。まずスタートとゴールの位置を確認します。その次に、その間にあるホールドを、どのようにムーブしていくかを頭に描きます。このとき手や足はどのように動かすか？ ホールドの方法は？ と壁を登っている仮想の自分を動かして、ゴールまでイメージしていきましょう。

簡単なようですが、初心者には難しいかもしれません。でもやっているうちに頭で描いたイメージに、実際の動きが近づいてきます。面倒くさがらずに、登るたびにオブザベーションするクセをつけましょう。

オブザベーションには、いくつかの利点があります。練習中、１手動かすたびに、次の手を考えていると、筋肉はどんどん疲労していきます。止まっている時間が長くて、手数が少ないまま落ちていては、練習の効率は上がりません。壁で止まっているうちに疲労してしまえば、登る回数や時間が減ってしまい、練習の密度は薄くなってしまうのです。

自分の身体をチェックする

クライミングに必要な筋肉の位置と名称を知ろう

前から見た筋肉の構造

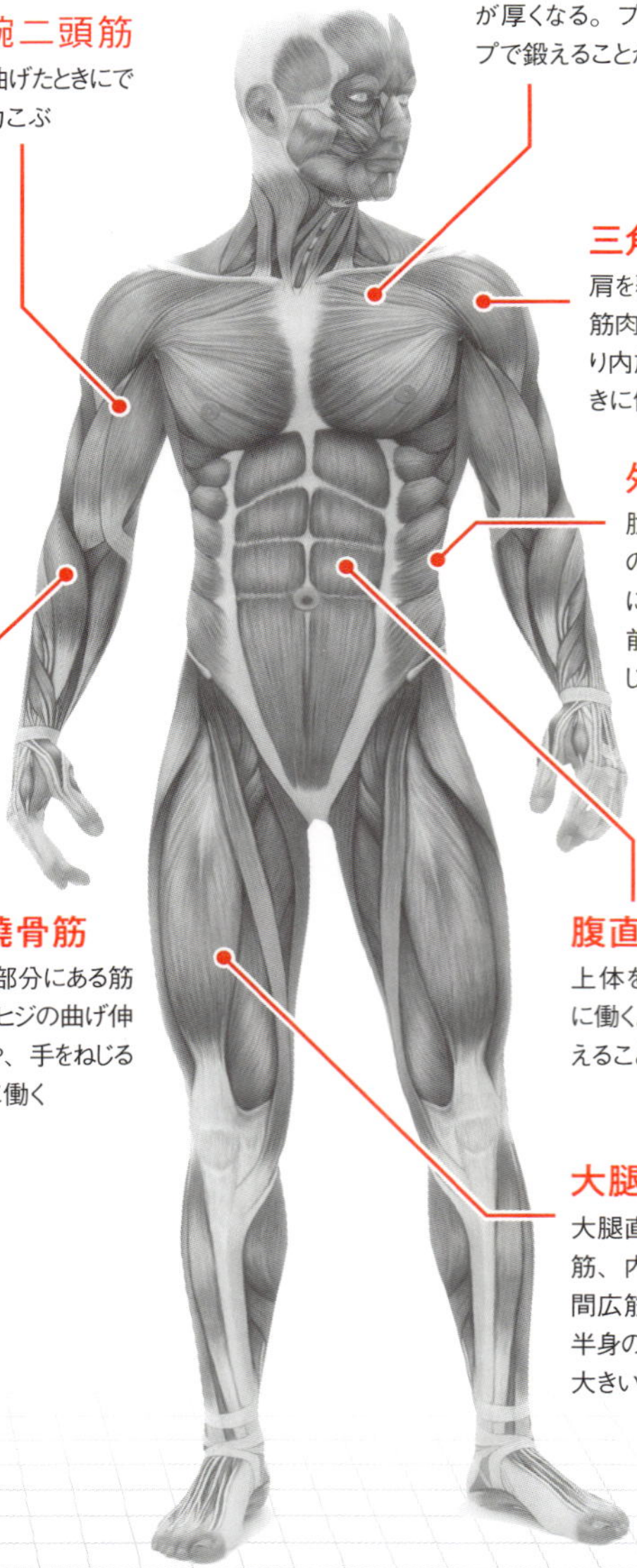

上腕二頭筋
腕を曲げたときにできる力こぶ

大胸筋
胸の筋肉。鍛えると胸板が厚くなる。プッシュアップで鍛えることができる

三角筋
肩を覆うようにある筋肉。肩を曲げたり内旋したりするときに働く

外腹斜筋
肋骨から股関節の上部にかけてにある。上体を前屈、側屈、ねじるときに働く

腕橈骨筋
前腕部分にある筋肉。ヒジの曲げ伸ばしや、手をねじるときに働く

腹直筋
上体を曲げるときに働く。腹筋で鍛えることができる

大腿四頭筋
大腿直筋、外側広筋、内側広筋、中間広筋の総称。下半身の中で一番強く大きい

後ろから見た筋肉の構造

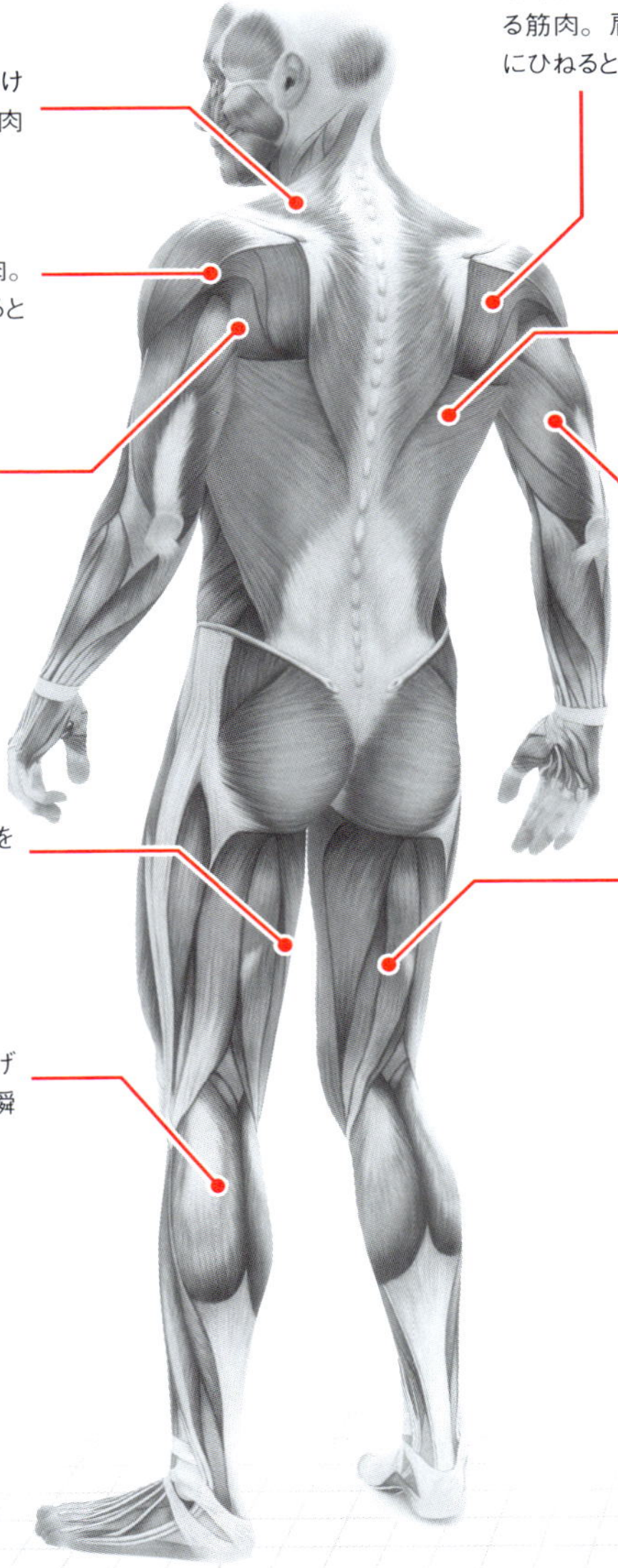

僧帽筋
首の後ろから肩甲骨にかけて広がる、大きく強い筋肉

小円筋
肩甲から上腕にある筋肉。肩関節を外向きにひねるときなどに働く

大円筋
肩関節を内向きにひねるときなどに働く筋肉。小円筋などと違って、上腕とはつながらない

大内転筋
太ももの筋肉のひとつ。股を閉じる動作をするときに働く

腓腹筋
ヒラメ筋とともに足を曲げ伸ばしするときに働く。瞬発力を左右する

棘下筋
肩甲骨から上腕についている筋肉。肩関節を外向きにひねるときに働く

広背筋
肩甲骨から下にある。肩甲骨を閉じるように寄せるときに使う筋肉

上腕三頭筋
いわゆる二の腕と呼ばれる部分。鍛えると腕が太く強くなる

大腿二頭筋
ハムストリングと呼ばれる筋肉のうちのひとつ。股関節やヒザの曲げ伸ばしで働く

運動強度の上げ方

ケガをしないようにトレーニング強度を上げる方法

最終的にケガをしない人が強くなる傾向に

トレーニングを積んで筋力がついてきたとき、適切に強度を上げていかなければなりません。このときあまり急激に上げると、ケガにつながってしまいます。強度を上げるときは、無理のない範囲で少しずつ上げていくようにしましょう。

ケガをすれば練習を休まなければなりません。練習ができないのですから、その間に成長したであろう成果をみすみす手放すことになります。また練習を休んでいる間、フィジカルやテクニックは徐々に落ちていきます。練習を再開してから、それを取り戻す期間も含めると、多大な労力を無駄にすることになります。結局は、ケガをしない人が強くなるのです。

トレーニング強度の上げ方には、いくつかあります。このとき、ただ回数、セット数、時間を増やすのではなく、バリエーションを増やすようにします。筋肉は同じ運動を続けていると慣れてしまい、成長力が鈍ります。新鮮味のないトレーニングをすることは、精神的にも良くありません。

強いクライマーになるためにはケガをしない

無理なトレーニングをしてケガをする → 練習できなくなる

適切な強度のトレーニングをしてケガをしない → 予定通りの練習ができる

- どちらが強くなるかは明らか!
- ケガをしないようにトレーニング強度を上げることが大切だ

トレーニング強度の上げ方

1. トレーニングのセット数を増やす
2. トレーニングの時間を伸ばす
3. レスト時間を短くする
4. 負荷をつける

- セット数を増やすときは、飽きない工夫をする
- 時間を伸ばすときは、同じメニューで単に長くするのではなく、メニューを増やす

トレーニング時の注意点

1. 単調・退屈なトレーニングにしない
2. ダイナミックとスタティックを織り交ぜる
3. トレーニングの種類を増やす
4. 筋肉に新しい刺激を与える

コンタクトストレングス

瞬間的に発揮できる筋力がコンタクトストレングスだ

必要なだけの筋力を短い時間で発揮する

コンタクトストレングスという、筋力の発揮方法と強さを測る数値があります。直訳すると「接触強度」。これはクライマーの強さを決めるほど重要な数値です。かみ砕いていうと筋肉が収縮して力を発揮している状態から一度解放され、再び収縮して力を発揮する強さということです。たとえば、ランジで次のホールドを取るとき、一瞬で力を発揮しなければなりません。これがコンタクトストレングスです。たとえ手が届いても力を発揮するまでに時間がかかってしまったら、落下してしまいます。だからといって、ここで最大筋力を発揮する必要はありません。余分な筋力を使うことは、クライミングでは極力避けなければなりません。自分の身体を支えるのに必要なだけ使うのが理想です。

　コンタクトストレングスは、最大筋力とは別のもので、一般的な筋力トレーニングをするだけでは強くなりません。神経伝達の速さが関係していて、キャンパスなどを繰り返すことでその神経が太く、多くなっていきます。

Column

コンタクトストレングスとは

日本語でいうと「接触強度」と言う。
ホールドを持った瞬間に力を発揮する力のこと

↓

できるだけ短い時間の中で
必要最低限の力を保持するのが理想的

コンタクトストレングスを発揮するまでの時間と筋力の指標

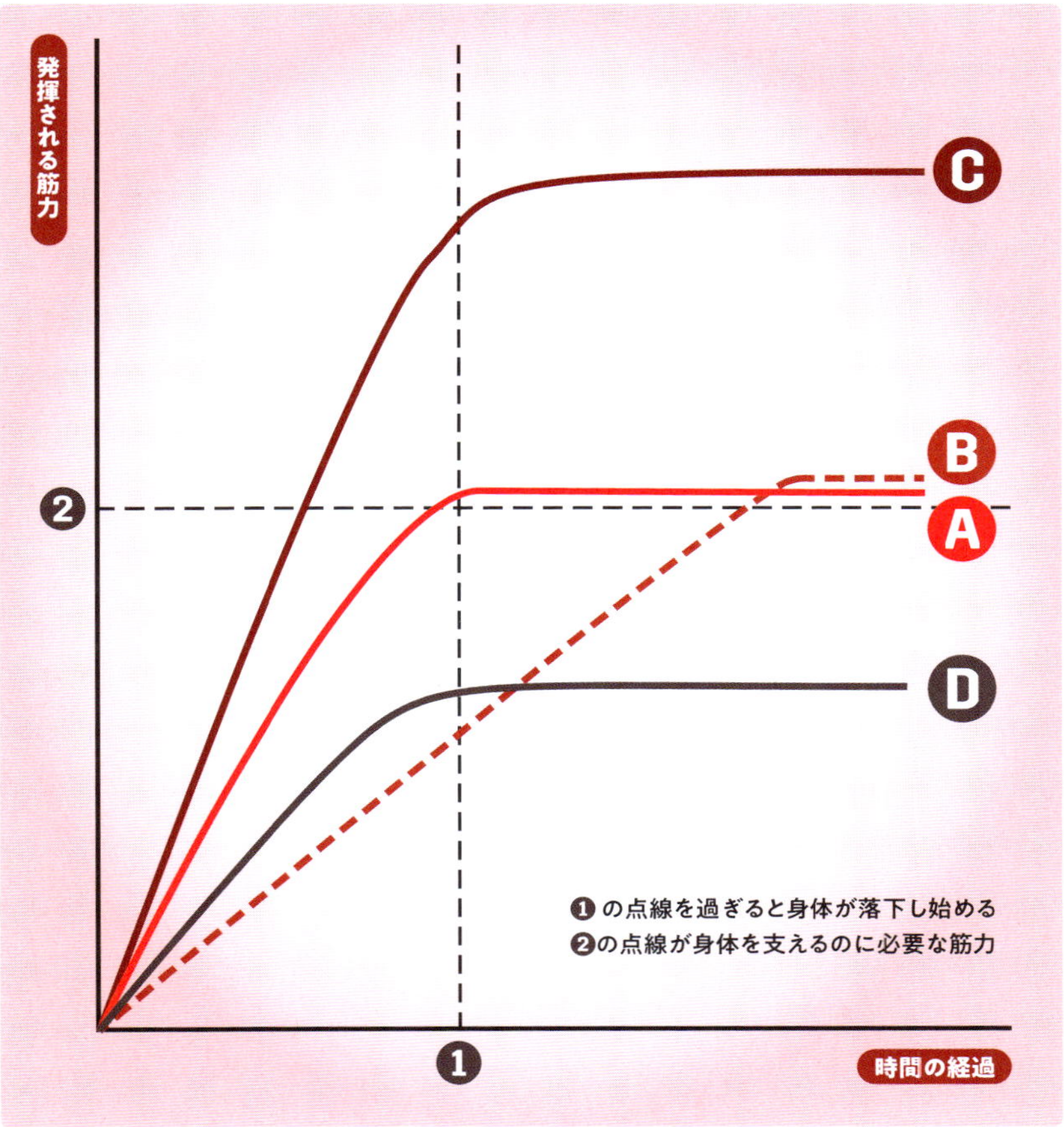
発揮される筋力
C
B
A
D
2
1
時間の経過
❶の点線を過ぎると身体が落下し始める
❷の点線が身体を支えるのに必要な筋力

A ➡ 理想のコンタクトストレングス
時間内に必要なだけの力を発揮して、身体を保持できる

B ➡ コンタクトストレングスを発揮するまでに時間がかかりすぎているため、落下してしまう。もっと速く力を出すトレーニングが必要だ

C ➡ 時間内に必要な力を発揮して身体も保持できる。ただし身体を支えるにはもっと少ない力でいい
クライミングは力をセーブすることもテクニックのひとつだ

D ➡ 時間内に持っている力を発揮できている。しかし、そもそも自分の身体を保持するだけの力が足りていないので落下してしまう

ジュニア期の注意点

成長期の子どもが陥りやすいクラムジーについて知っておく

大人が適切なアドバイスをして子どもの成長を後押しする

クライミングジムが増え、子どもの競技人口も増えています。子どもは大人よりも身軽で、テクニックもどんどん習得していくので、すぐにうまくなります。特に小学5年生から中学1年生くらいで劇的に成長することが多いようです。しかし一方で、そういう子ほどクラムジーに陥る可能性があることも知っておかなければなりません。

クラムジー（clumsy）とは「不器用な」という形容詞です。子どもから大人へと成長する第二次性徴期に身体と心が劇的に変化しますが、これが運動にも影響を及ぼして、それまでできていたことができない、ということが起きるのです。

クラムジーは一時的なことだということがわかっています。体と心のずれが解消されれば、以前のようにできるようになるのです。しかし子どもには、その理由も原因もわかりません。だからこそ大人が冷静にアドバイスをする必要があります。子どもたちをさらに追い込むような言葉や行動は、絶対に避けなければなりません。

クラムジーの症状

1 それまでできていたことができなくなる

2 やる気が起きない

3 クライミングへの興味が薄れる

クラムジーの原因

1 第二次性徴期で、心と体が子どもから大人へ

☛ 心身のバランスが崩れやすい

2 頭のイメージと身体の動きが一致しない

☛ 大会で以前のような結果が出ない

3 身長が伸びるのに伴って、体重が増える

☛ 食事制限をしたくなる

➡ **これらは一時的なことで、必ず元に戻るということを子どもに理解させることが大切**

Column

クラムジーをうまく乗り越えるために

1 もっとも大切なのは「周囲の支え」

・相談に乗る
・悩みを共有してあげる

2 大会の結果にこだわりすぎない

・中長期的な目標を話し合う

3 身長と体重が増加するのは将来的には良いこと

・高身長はクライミングに有利

4 クラムジーを乗り越えた先をイメージする

・身体の変化に伴って、新しい技術を学び直す楽しさがある

トレーニングに正解はない

自分に合ったトレーニングを考える楽しさを味わおう

自己分析とトレーニングの繰り返しで成長する

ここまでトレーニングについていろいろな角度から説明してきましたが、トレーニングに「これが正解」というものはないということを知っておいてください。これこそがクライミングのおもしろさ、奥深さでもあるのです。

いまさら考えなくても、当然のことです。人間は誰一人として、同じ人はいません。骨格、筋力、柔軟性が違いますし、現在のレベルも違えば、目標も違います。そもそもクライミングをやりたいと思った目的や目標さえ違うのです。だからトレーニングも違って当然。誰かと同じことをしても、あなたの目的には合わないかもしれないのですから。自分を分析し、目標に合わせて何をやるべきかを考える。トレーニングの最適な組み合わせを探る。そして実際にトレーニングして、その結果をもう一度分析する。これを繰り返すことが、クライミングの楽しさの1つです。自分の成長戦略を考えて、トレーニングに取り組み、狙い通りに成長できたときに、大きな喜びを感じられるはずです。

理想のクライマーをイメージする

最終的にどんなクライマーを目指すのかを描く

↓

そのために何をすればいいか考えることが大切だ!

自己分析を繰り返す

強くなるためには、「自分に合ったトレーニングをする」
ことが大切だ!

⬇

「自分に合っている」か、どうかは、自己分析しなければわからない

自分なりのトレーニングをしよう

100人いたら100通りのトレーニングがあっていい

⬇

自分の置かれた環境、施設、道具などをどうやって使ったら
ベストかを考えることもクライミングの楽しみだ

Column

5

クライミングにおける マナーとかけ声

クライミングにはいくつか守ってほしいマナーがあります。みんなが気持ちよく楽しむためにも、覚えておいてください。

まずはかけ声のかけ方について。クライミング中の選手を励ますために「ガンバ!」と声をかけてあげるのは、よくある光景です。声をかけられた方は、悪い気はしません。恥ずかしがらずに、苦しいときにあと1手進むための原動力になるようなタイミングで、的確なかけ声をかけてあげましょう。

次にアドバイスについて。中級者以上になると、初心者にアドバイスができることもあるかもしれません。ただこのとき、相手が求めているかどうかを考えなければなりません。その人が、自分の考えで登りたいと思っているのに、それとは違うアドバイスをされると、困惑してしまうでしょう。アドバイスをするときは、求められているときに、求められていることを的確にできるようになりたいものです。

PART 6

ストレッチ&
セルフマッサージ

ストレッチとセルフマッサージ

練習前に全身への血流を促して体温を上げる

身体をメンテナンスしてケガを予防する

日常生活を過ごしているとき、四肢の筋肉は血流が少なく、冷えています。練習の初めに、クライミングで使う部位へ血流を促して、筋肉の温度を上げるために行うのが、ウォーミングアップです。身体全体を動かして心拍数を上げ、全身への血流を促進させます。特に酷使する指や前腕は念入りに行います。ウォーミングアップ不足は、ケガにつながるのでしっかりと行いましょう。

グレードの低いルートを登って、ウォーミングアップとすることもできます。このとき、普段あまり使わないムーブを入れたり、正確なホールディングやフットワークを意識して行うなど、スキルアップも兼ねるのが理想です。

トレーニング後はセルフマッサージを行って、疲労した筋肉や腱をほぐしておきましょう。パンプアップした筋肉をそのままにしておいて、冷やすと傷めてしまいます。そのときはあまり感じないかもしれませんが、長年の蓄積によって、あるとき突然ケガとして表に出てくることもあります。

ウォーミングアップの目的

神経系を活性化させる ☛ 正確な動きを再現するため

心拍数を上げる ☛ 全身に血液を巡らせる

マッサージの目的

関節の動きを滑らかにする ☛ ケガを防止する

使った腱や筋肉をほぐす ☛ 疲労を残さない

スポーツクライミング ストレッチ&マッサージメニュー

静的ストレッチメニュー

動的ストレッチメニュー

セルフマッサージメニュー

静的ストレッチ①

手首・前腕

手のひらを上に向けて、もう一方の手で指を持って手首から手前に曲げる。手首のストレッチと同時に、前腕も伸ばせる。握力や腕力を使ったトレーニング後に行ってもいい。

回数・秒数

左右10秒ずつ
3セット

POINT
指を手前に引き、ヒジの内側を持ち上げるようにすると、より前腕の伸びが感じられる

静的ストレッチ②

肩まわり

片方の腕を、もう片方の腕と交差させて胸の前で抱え込む。横にした方の腕のヒジを張るようにすると、肩の外側から広背筋まで伸びる。

回数・秒数
左右10秒ずつ
3セット

POINT
伸ばす方の肩を下げるような意識でやると、より伸びが感じられる

静的ストレッチ③

四指

ホールディングで使う4本の指を順番に伸ばしていく。まずは指をかぎ型にして、第一関節と第二関節を曲げる。次にその形のまま、指の付け根から手の甲の側へ曲げて伸ばす。

回数・秒数

左右四指10秒ずつ

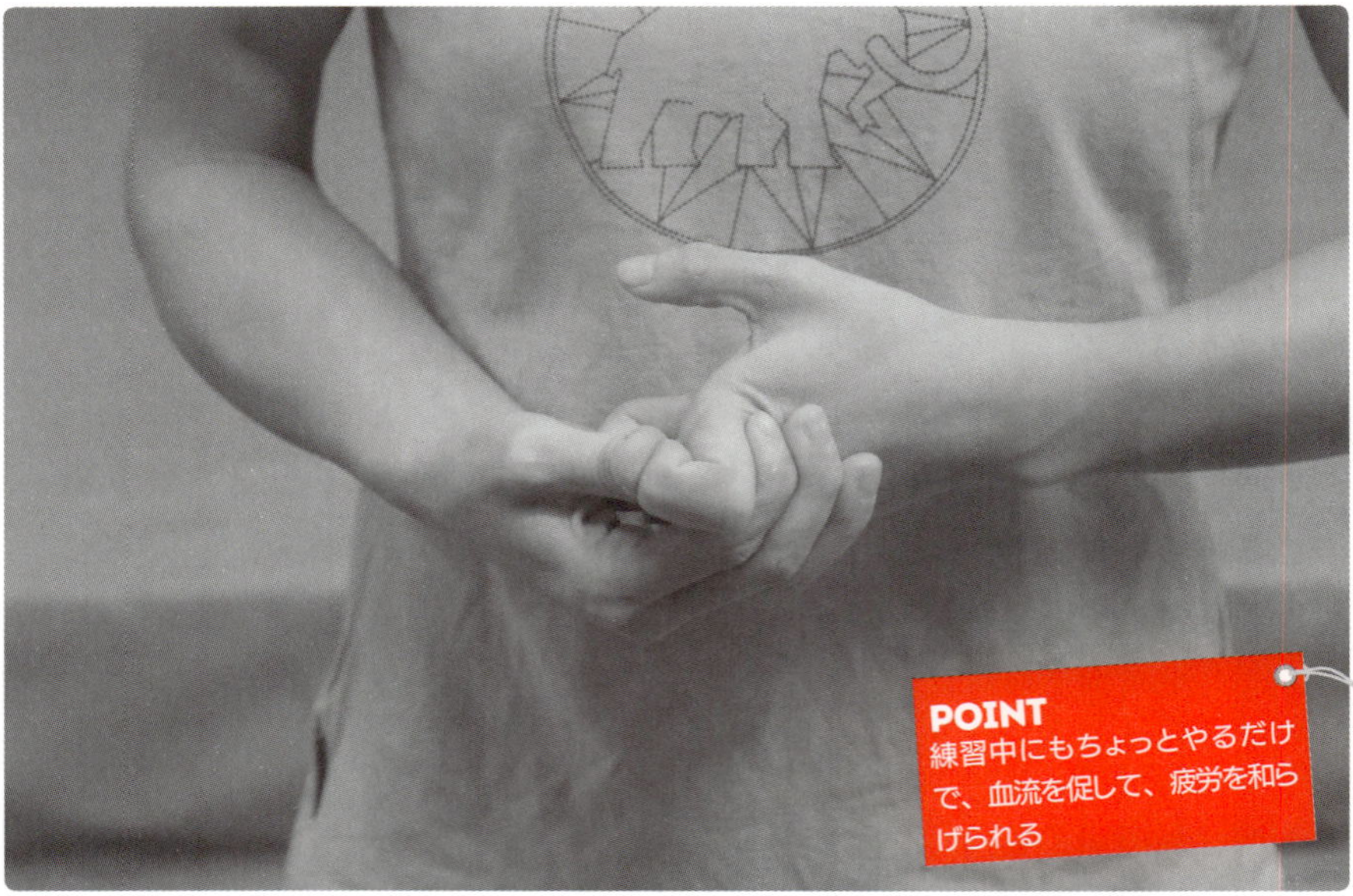

POINT
練習中にもちょっとやるだけで、血流を促して、疲労を和らげられる

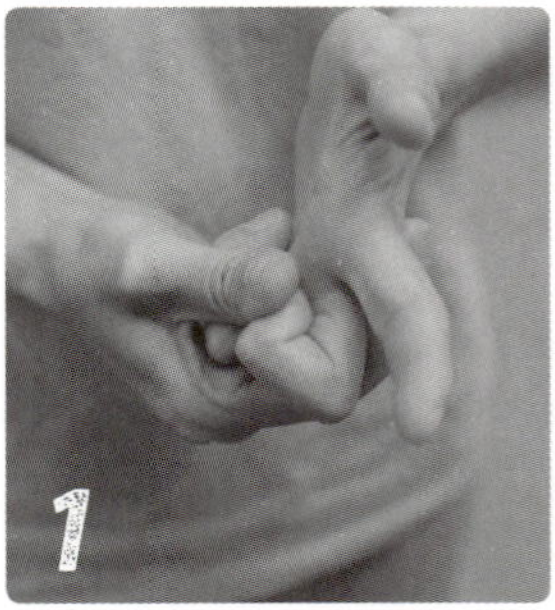

最初は第一関節と第二関節を曲げて反対の指で押す。曲げた方の指の腹を押し付けるようにする

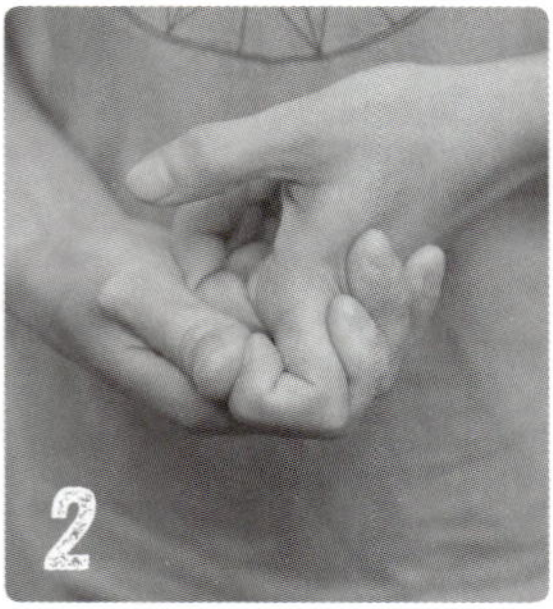

かぎ型のまま、指の付け根から手の甲の側に曲げる。関節の可動域を広げ、腱を伸ばす効果がある

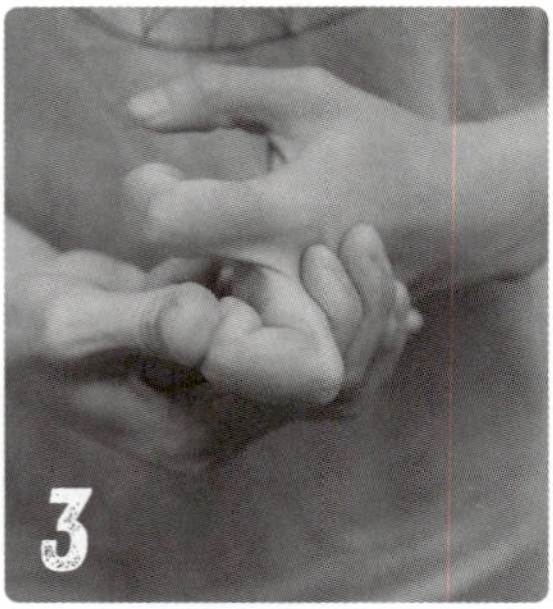

特に酷使するのが中指と薬指なので、念入りに行いたい

静的ストレッチ④

股関節❶

股関節の可動域を広げるためのストレッチ。最終的には180度開脚を目指したい。その前段階として、両手を前について、少しずつ広げていこう。

回数・秒数
30秒以上キープ

両足を広げて両手を前につく。少しずつ腰を落としていく

限界まで来たら、その状態でキープしてからお尻を後ろに落とす

LEVEL UP

180度の開脚

できる人は180度の開脚。胸を張って、頭を高く。両足のつま先は天井を向ける

静的ストレッチ⑤

肩甲骨（上）

腕を頭の後ろへ回し込んで、反対の手でヒジを持って下げる。肩甲骨を上向きに回転させるイメージで行う。

回数・秒数

左右10秒キープ×3セット

POINT
後頭部で腕を後ろに押すようにすると、さらに伸びが感じられる

静的ストレッチ⑥

肩甲骨（下）

腕を下から背中へ回し、反対の手で押し上げる。ヒジを持つのがベストだが、届かなければ腕を持って行ってもいい。

回数・秒数
左右10秒キープ×3セット

POINT
肩甲骨が開くと同時に伸ばした方の肩が下がって、首周りも伸びる感覚が得られる

静的ストレッチ⑦

ワールド・グレイテスト・ストレッチ

一連の動作を連続でやることで様々な部位のストレッチができて、体幹を安定させられる。常に深く呼吸を続けることが大切だ。

回数・秒数

各ポーズで10秒キープ
左右を行う×3セット

1
直立した姿勢からスタートする
2
片足を大きく前に踏み出して、ヒザを曲げて背筋を伸ばす。股関節の前後の可動域を広げる
3
上体を前に倒して、前足の股関節の可動域を限界まで広げる
POINT
前足のヒザが開かないように注意
足の内側を滑らせるように腕を下ろしていき、ヒジを床に近づける

4

POINT
背骨の上の方から回転させるようにして、胸を開くようにする

上体を反転して逆を向きながら、手を天井に伸ばす

5

お腹を引き締めて、股関節から前屈。さらに後ろ足のかかとを床に近づけて、ハムストリングやふくらはぎをストレッチ

両手を床について、両ヒザを伸ばす

静的ストレッチ⑧

股関節❷

両足の裏を合わせて、ヒザを開く。カカトを身体に、ヒザを床に近づけて、股関節を伸ばす。反動をつけたり、上から押すと効果的が上がる。

回数・秒数
①30秒キープ
②ヒザを上下に10回

背筋は伸ばして、骨盤を立てるようにする
POINT
両ヒザをリズムよく動かしてもOK
両ヒザを床に近づけたままキープする

静的ストレッチ⑨

ハムストリング

股関節を伸ばしたところから、片足をできる限り開く。そちらへ上体を倒していく。可能ならつま先を持ってキープする。

回数・秒数
左右30秒キープ

POINT
胸を張ったまま大きく腕を回して、身体を倒していく。ハムストリングが伸びているのが感じられる

胸を張ったまま、頭から横に倒していく

伸ばした足のつま先は天井を向ける。可能ならそのつま先を持ってキープする

静的ストレッチ⑩

股関節▶ハムストリング

床にあお向けになって、股関節からハムストリングを順番に伸ばす。簡単なパターンも紹介するが、できれば、股関節を曲げるときはヒザを持って、ハムストリングは足裏を持って行いたい。

回数・秒数

左右30秒キープ

POINT
肩甲骨や背中を床に密着させると、良く伸ばせる

あお向けになって片足のヒザを胸の前で抱える

POINT
ハムストリングからふくらはぎにかけて伸ばす

手を足の裏に持っていき、ヒザを伸ばしていく

VARIATION

POINT
ヒザが開かないように注意する

太ももの裏から支えるパターン。背中を床に密着させやすい

足裏を持つのが難しければ、ふくらはぎや足首を持ってもいい

静的ストレッチ⑪

首の前屈・後屈

クライミングは上を向いていることが多く、想像以上に首や肩が凝る。首の前屈と後屈は、ストレッチと同時に、マッサージ的な意味合いもある。

回数・秒数

上中下3か所・20〜30秒

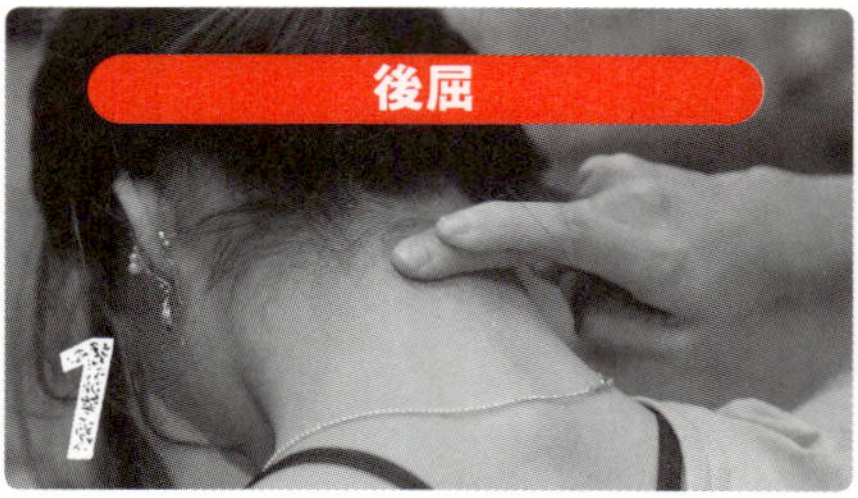

後屈
1

首には7つの骨があるが、骨の隙間を探すつもりで、指で触ってみる。おおむね上・中・下の3か所にわける

2
POINT
上中下の3か所に指を当てて行う

後屈をするときは、曲げている部位をはっきり感じるために指で押す

3

人差し指の腹を曲げたい位置に当てて、その上から反対の2本指で押さえる

前屈
POINT
両手を後頭部で組んで、その重みを加えてもいい

前屈はあごを胸につけるつもりで曲げる

動的ストレッチ①

肩甲骨回し

肩甲骨を前後にゆっくりと回す。肩関節をほぐし、可動域を広げる効果がある。親指を肩に当てて行うことで、ヒジを遠くから大きく回しやすくなる。

回数・秒数

前回転・後回転を
左右10回ずつ

親指を肩に当てて、ヒジを回すことで、より大きく回せる
POINT
肩甲骨が上下に動くように大きく回す

動的ストレッチ②

股関節回し

腰に手を当てて片足立ちになり、上げた足を回して、股関節の可動域を確認する。股関節のストレッチと同時に、バランス感覚を養える。

回数・秒数

左右10回ずつ

ヒザを遠くから回すつもりで、大きい円を描く
POINT
ふらつかないように、腹筋にも力を入れておく

動的ストレッチ③

手首・足首

片足立ちで、手首と足首を回す。両手の指を胸の前で組んで、こねるように動かして手首を回す。同時に浮かせた足のつま先で大きな円を描いて足首を回す。

回数・秒数

内回し、外回しを10回ずつ

つま先で可能な限り大きな円を描くことで、足首のストレッチになる

POINT
ストレッチと同時に、バランス感覚も養える

片足立ちで手足を同時に回す

動的ストレッチ④

足指・足首

クライミングシューズは、普段履いている靴のサイズよりもずっと小さい。指を丸めて履き、指先でホールドに乗ることが多いため足底筋が凝る。足底筋を縮めて、足首をストレッチする。

回数・秒数

左右10秒キープ

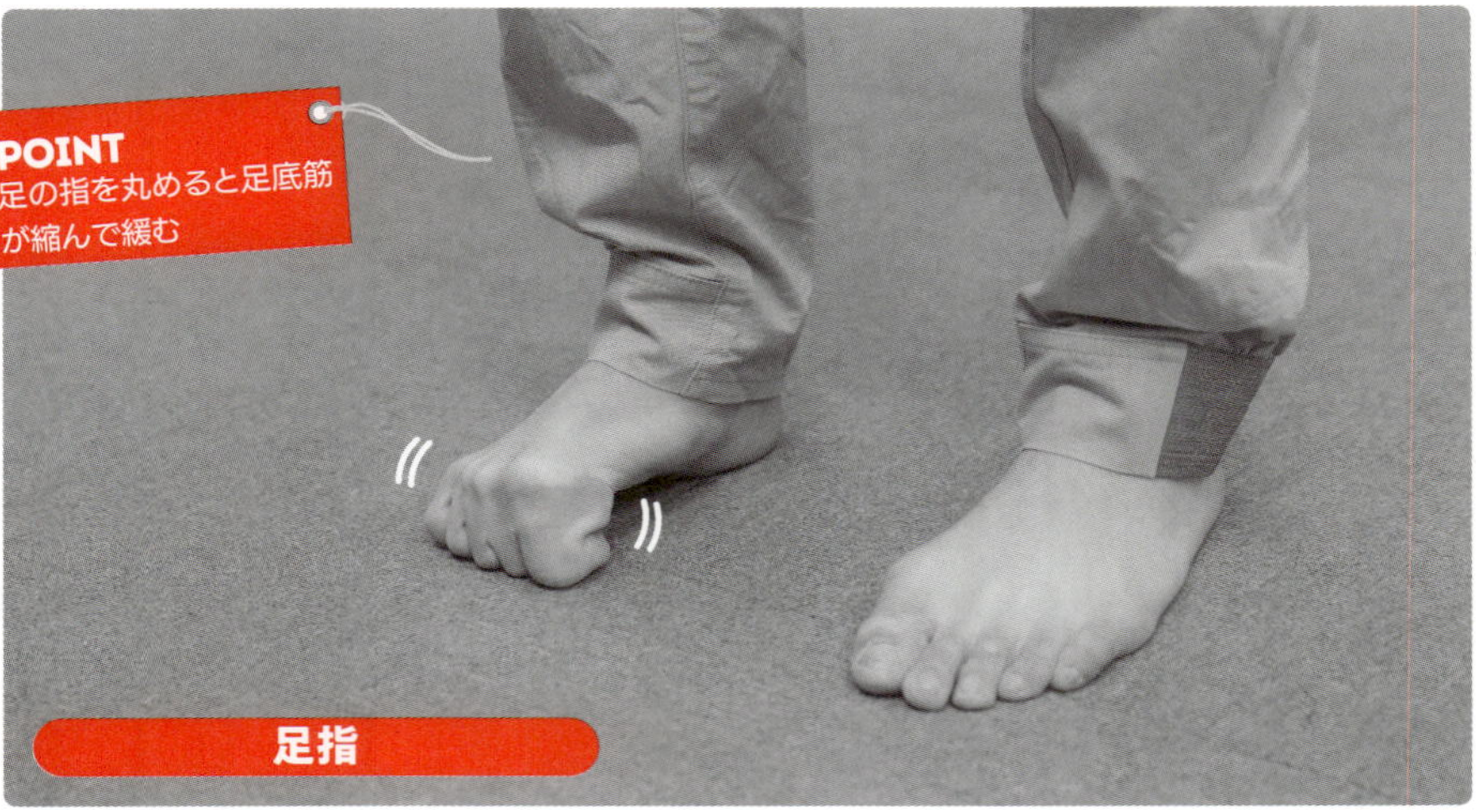
POINT
足の指を丸めると足底筋が縮んで緩む
足指

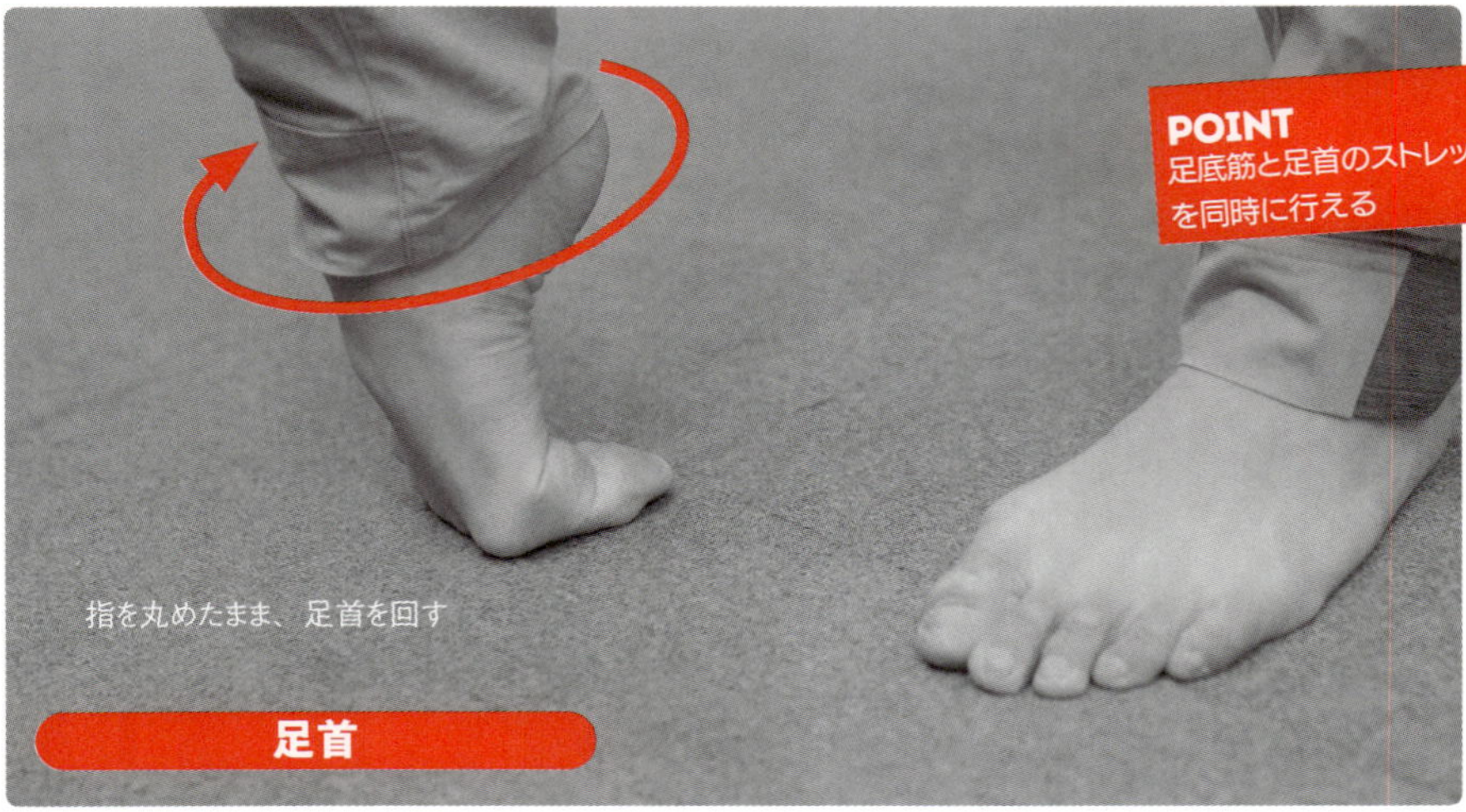
POINT
足底筋と足首のストレッチを同時に行える
指を丸めたまま、足首を回す
足首

動的ストレッチ⑤

カエルのポーズ・股関節

つま先と両ヒザの3点を支点にして座る。両手を床について、股関節の可動域を広げる。そこから上体を前に倒すと、さらに効果が高くなる。

回数・秒数

30秒キープ

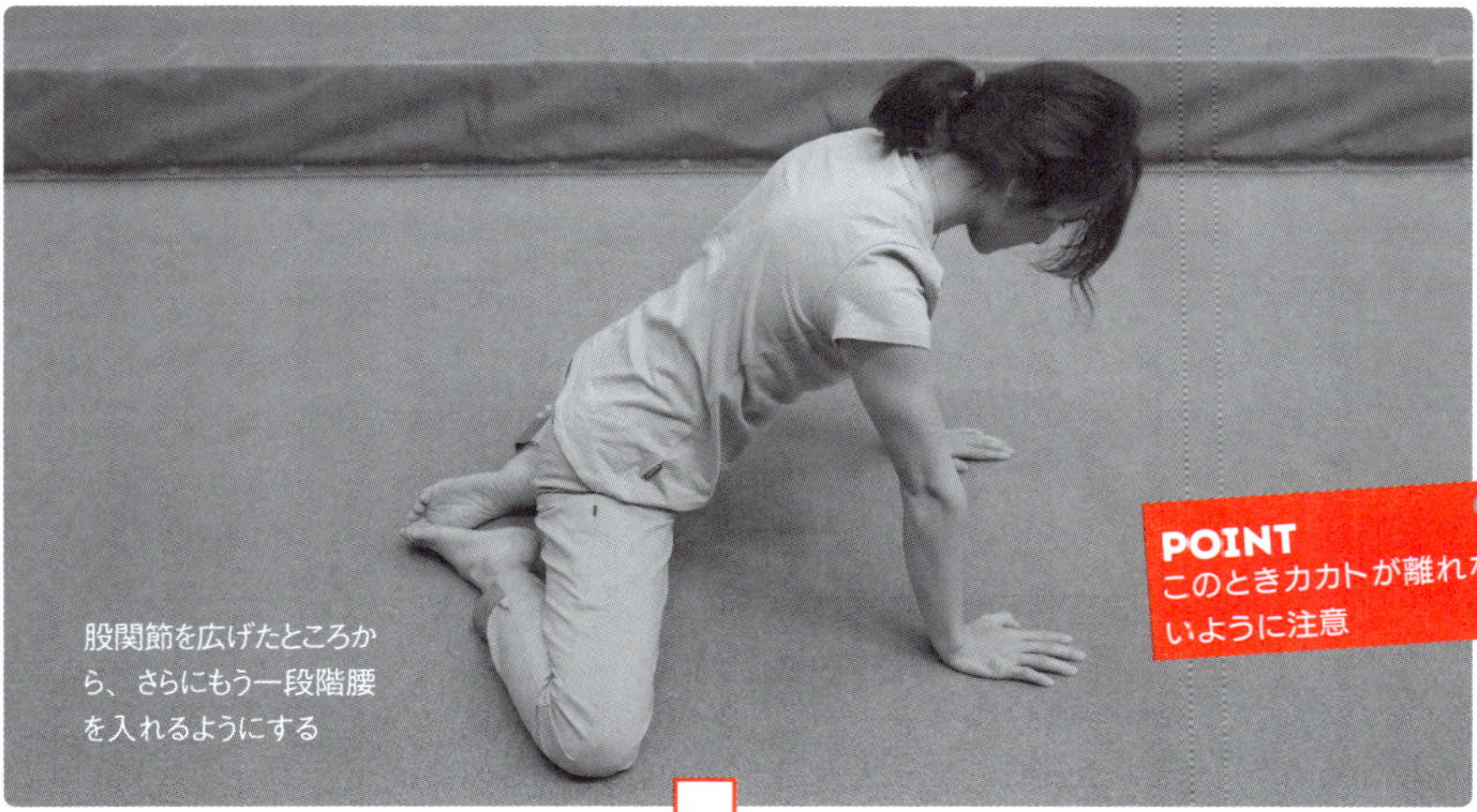

股関節を広げたところから、さらにもう一段階腰を入れるようにする

POINT
このときカカトが離れないように注意

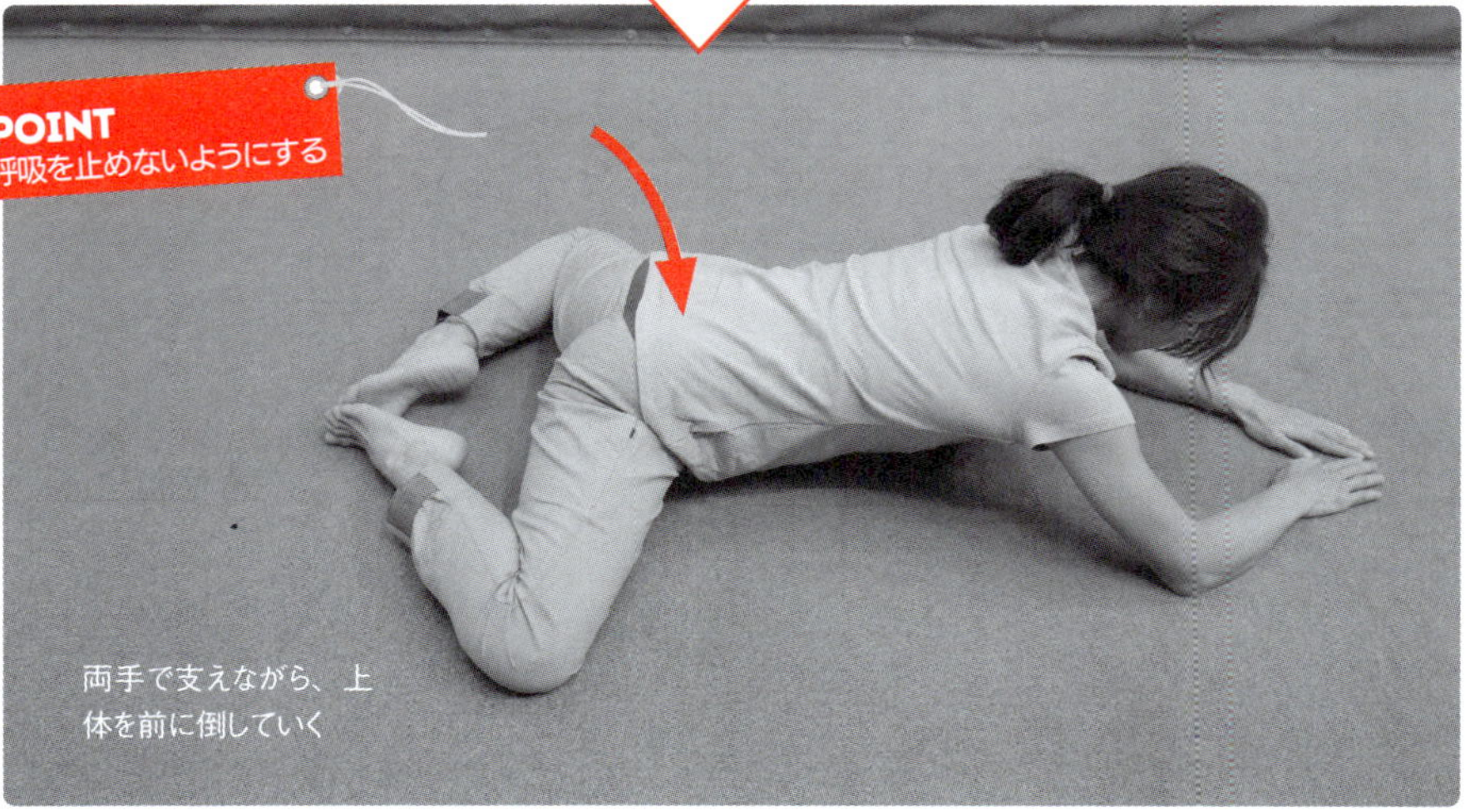

POINT
呼吸を止めないようにする

両手で支えながら、上体を前に倒していく

セルフマッサージ①

クローダーローラー

ポール状のマッサージローラーを使ったセルフマッサージ。疲労しやすい部位を念入りにほぐそう。

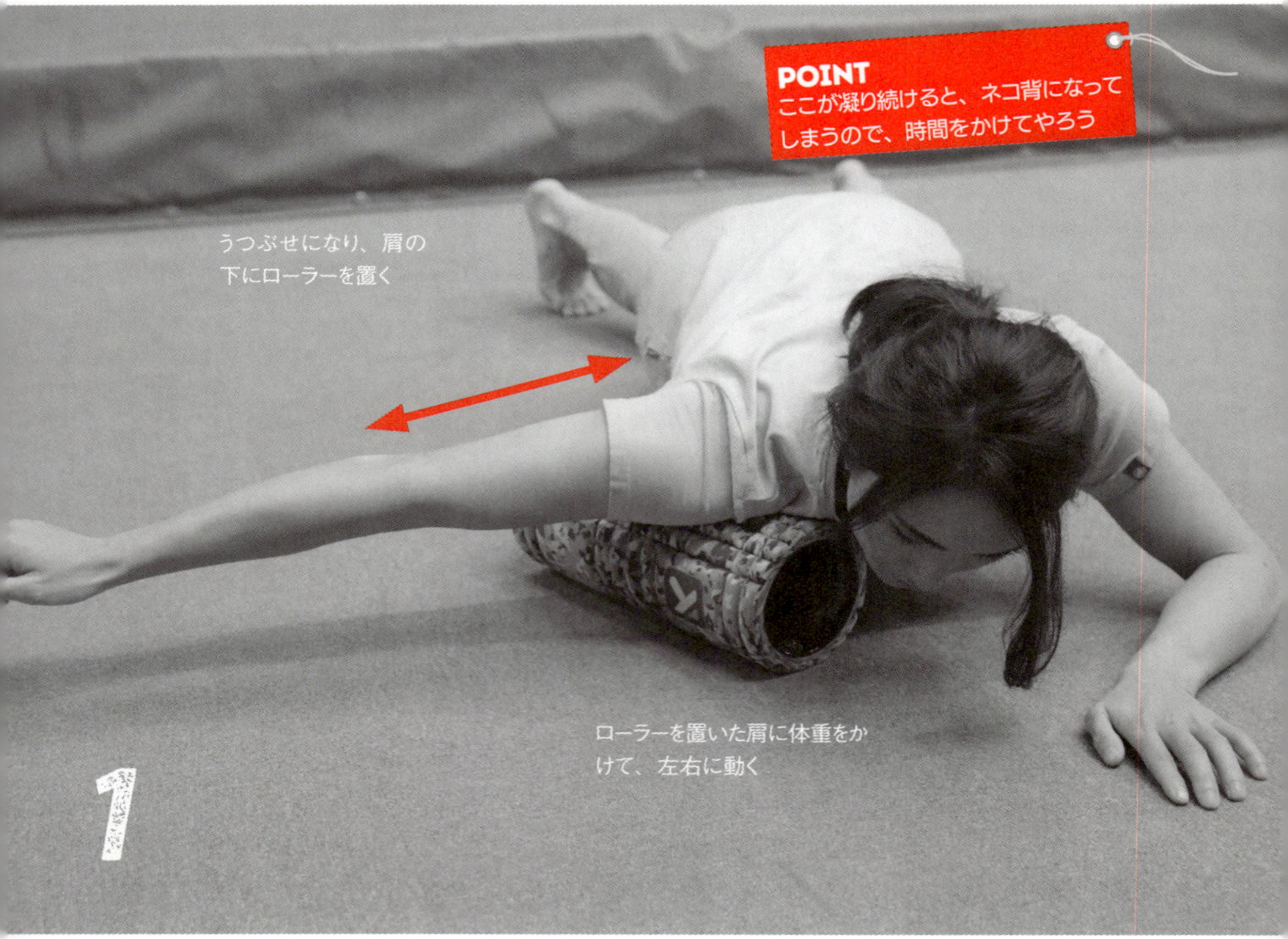
POINT
ここが凝り続けると、ネコ背になってしまうので、時間をかけてやろう
うつぶせになり、肩の下にローラーを置く
ローラーを置いた肩に体重をかけて、左右に動く
1

Check ココをチェック！ クライミングでよく使う前腕、お尻、太ももを重点的に！

マッサージの道具は、大きさや形状など様々なものがあるので、自分に合ったものを選ぼう。クライミングでよく使うのは、前腕、お尻、太ももなので、その部位を重点的にマッサージしよう

2
POINT
ヒザの裏からお尻の下まで、
まんべんなくほぐす

ハムストリングの下にローラーを置いて、前後に動く。左右行う

3
POINT
小さく前後に動かす

ローラーの上に座るつもりで、お尻の下にローラーを置く

ローラーを背中まで転がして、腰椎から
肩甲骨の下あたりまで転がす

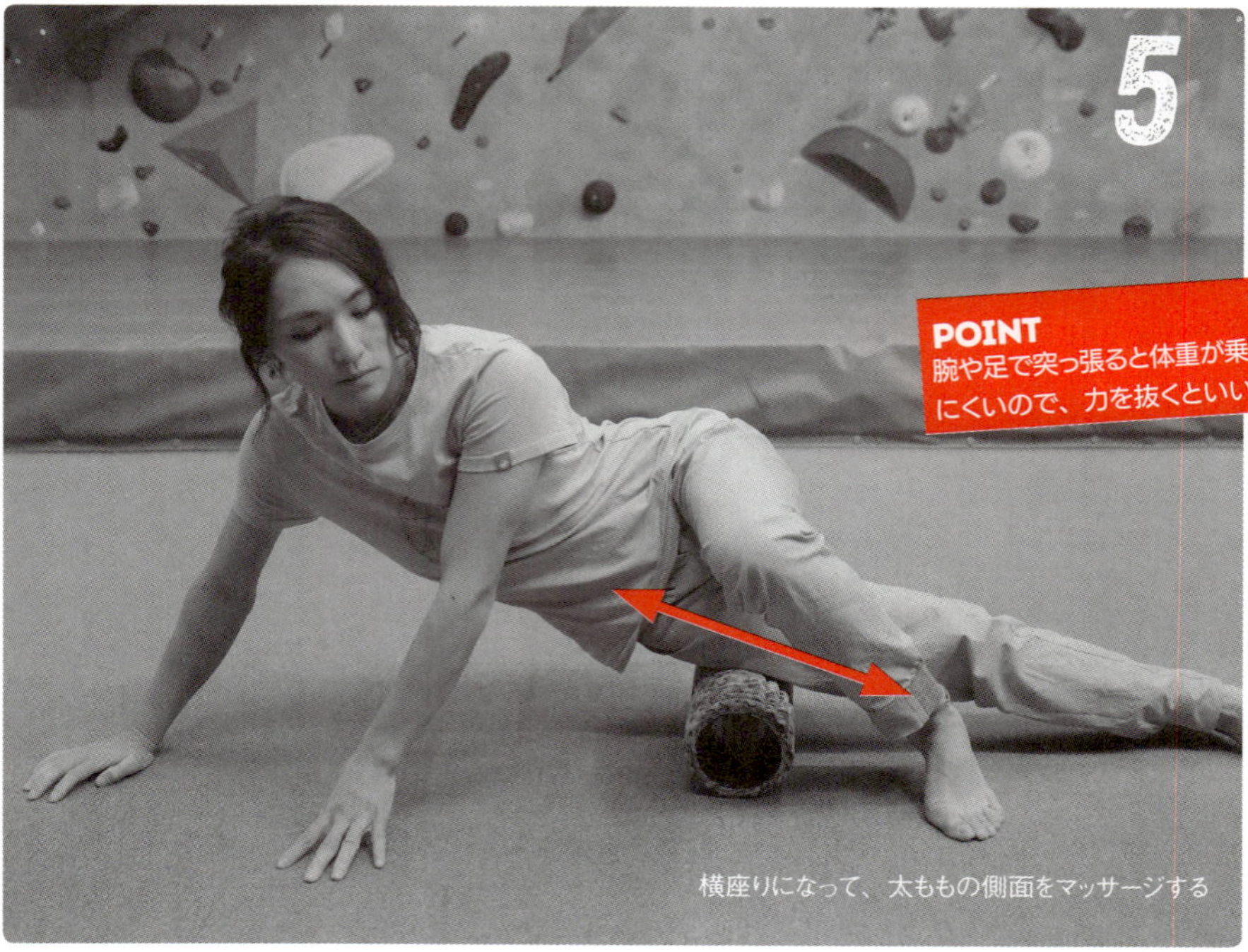

POINT
腕や足で突っ張ると体重が乗り
にくいので、力を抜くといい

横座りになって、太ももの側面をマッサージする

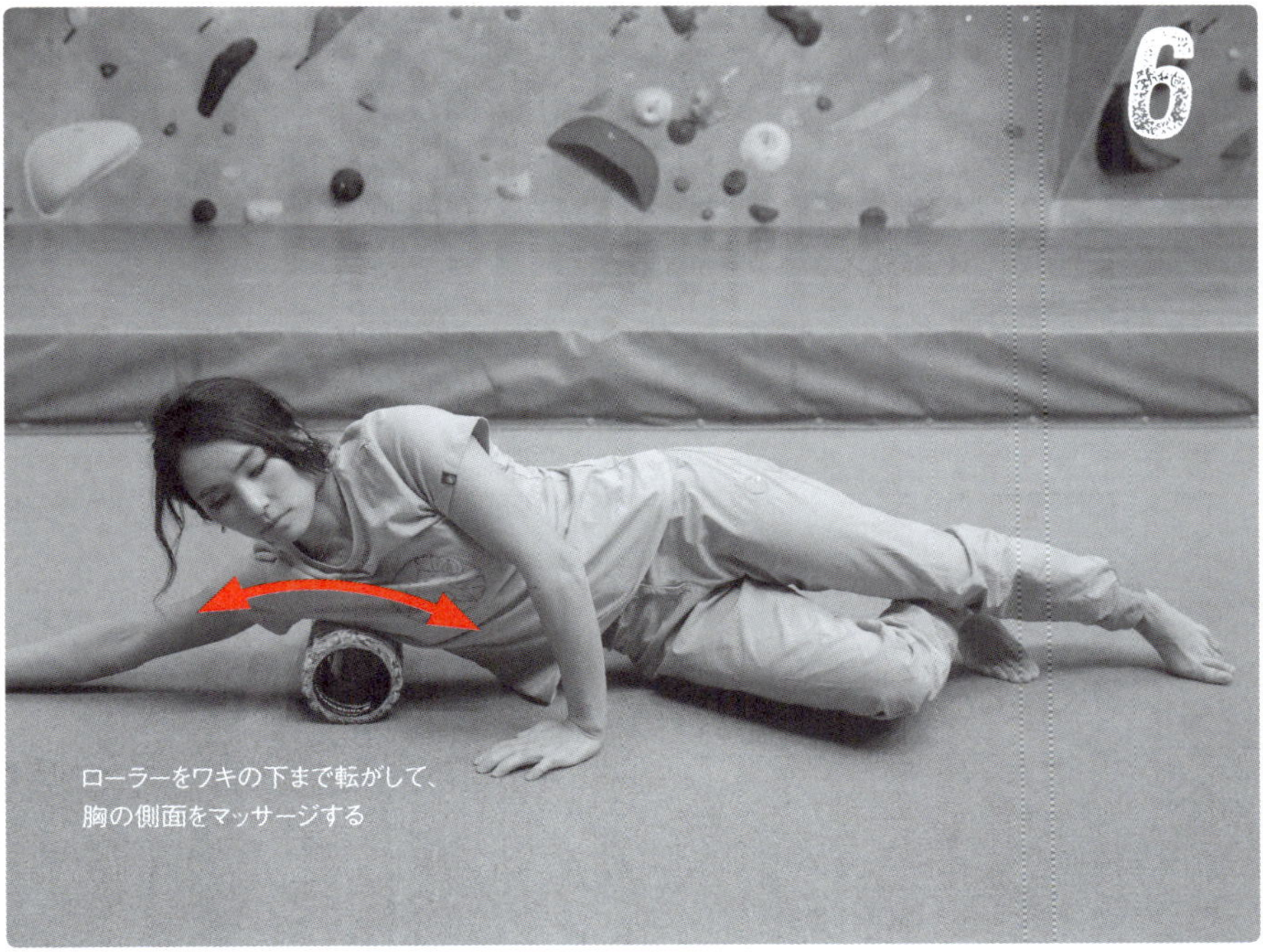

ローラーをワキの下まで転がして、
胸の側面をマッサージする

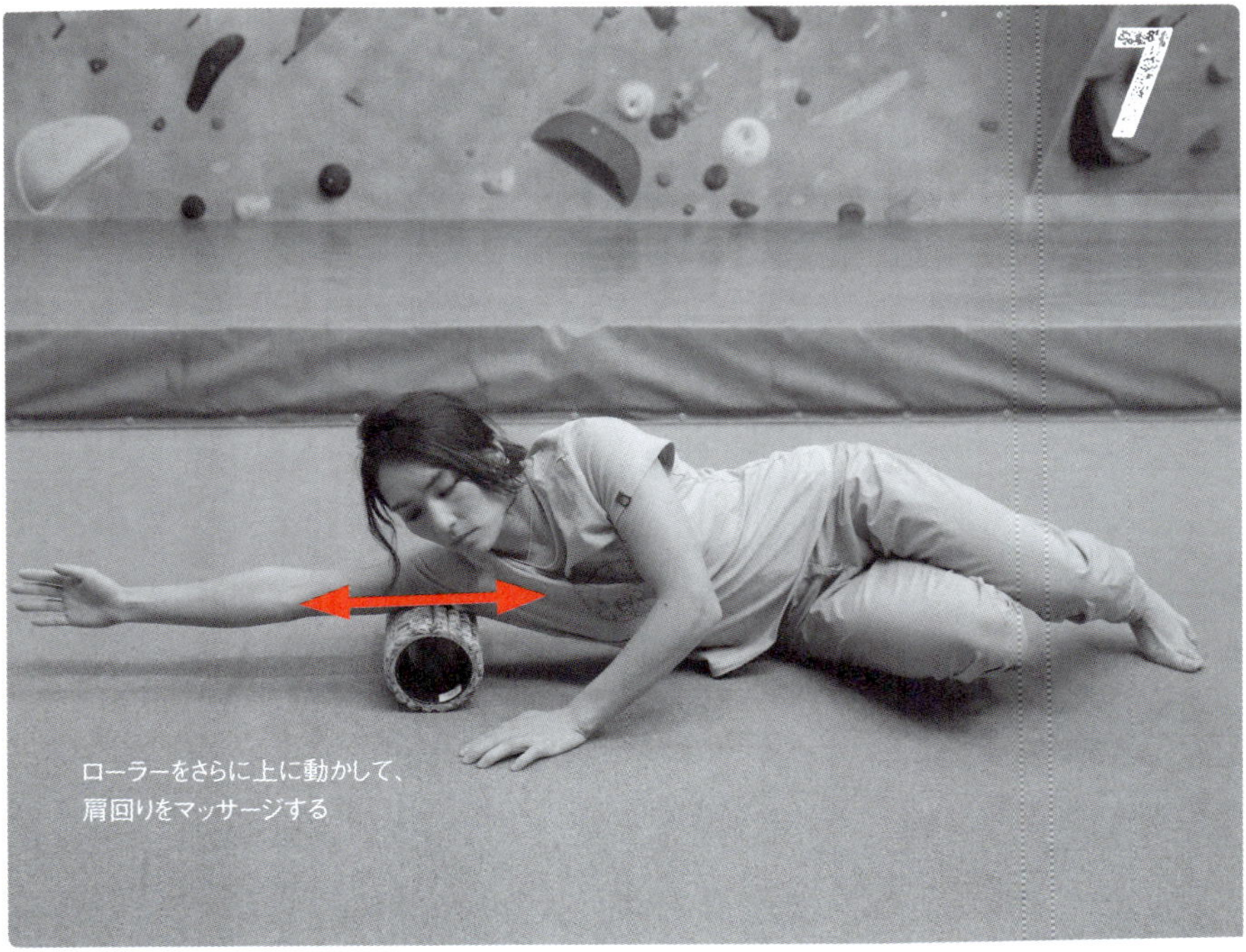

ローラーをさらに上に動かして、
肩回りをマッサージする

セルフマッサージ②

テニスボール

テニスボールさえあれば、凝りやすい胸筋周りをマッサージできる。ローラーは大きくて持ち歩けないが、テニスボールならバッグに入れておいてもそれほど荷物にならないので便利だ。

POINT
ジムの壁の角を利用して手軽にマッサージができる

セルフマッサージ③

前腕

ローラーを前腕の下に置いて、体重を乗せてマッサージ効果を高める。腕を前後に動かして、まんべんなくほぐそう。

POINT
腱に当たるようにローラーの位
置を微調整しながら行う

反対の手で体重をかける

VARIATION

内側は親指で押して マッサージできる

ヒジ関節の近くにある腱は触ってわかるので、ピンポイントで当てられる。痛みを感じたときは、ムリせずにまずは回復させることを優先すること

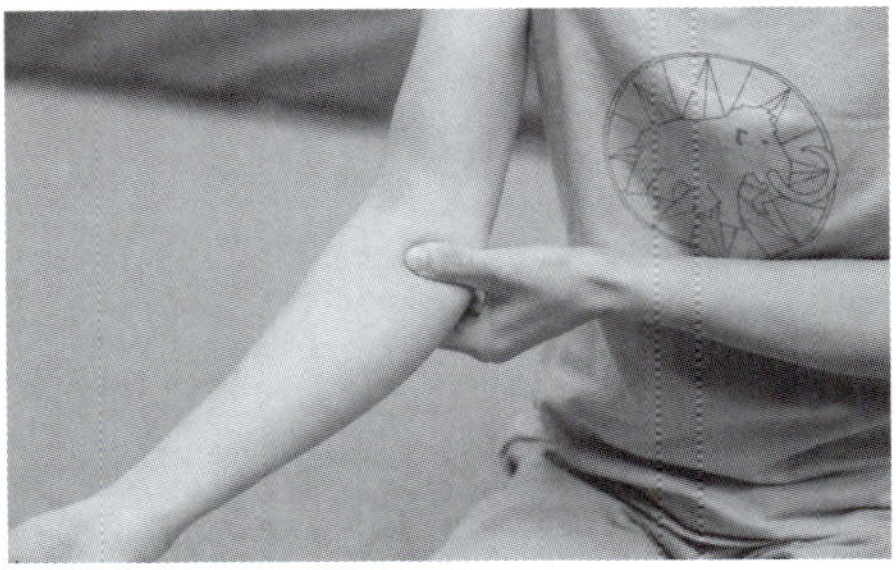

セルフマッサージ④

足裏

ローラーを足の裏に置いて、前後させてマッサージをする。土踏まずのカーブに合わせて動かす。力を入れずに、足底筋を緩ませて行う。

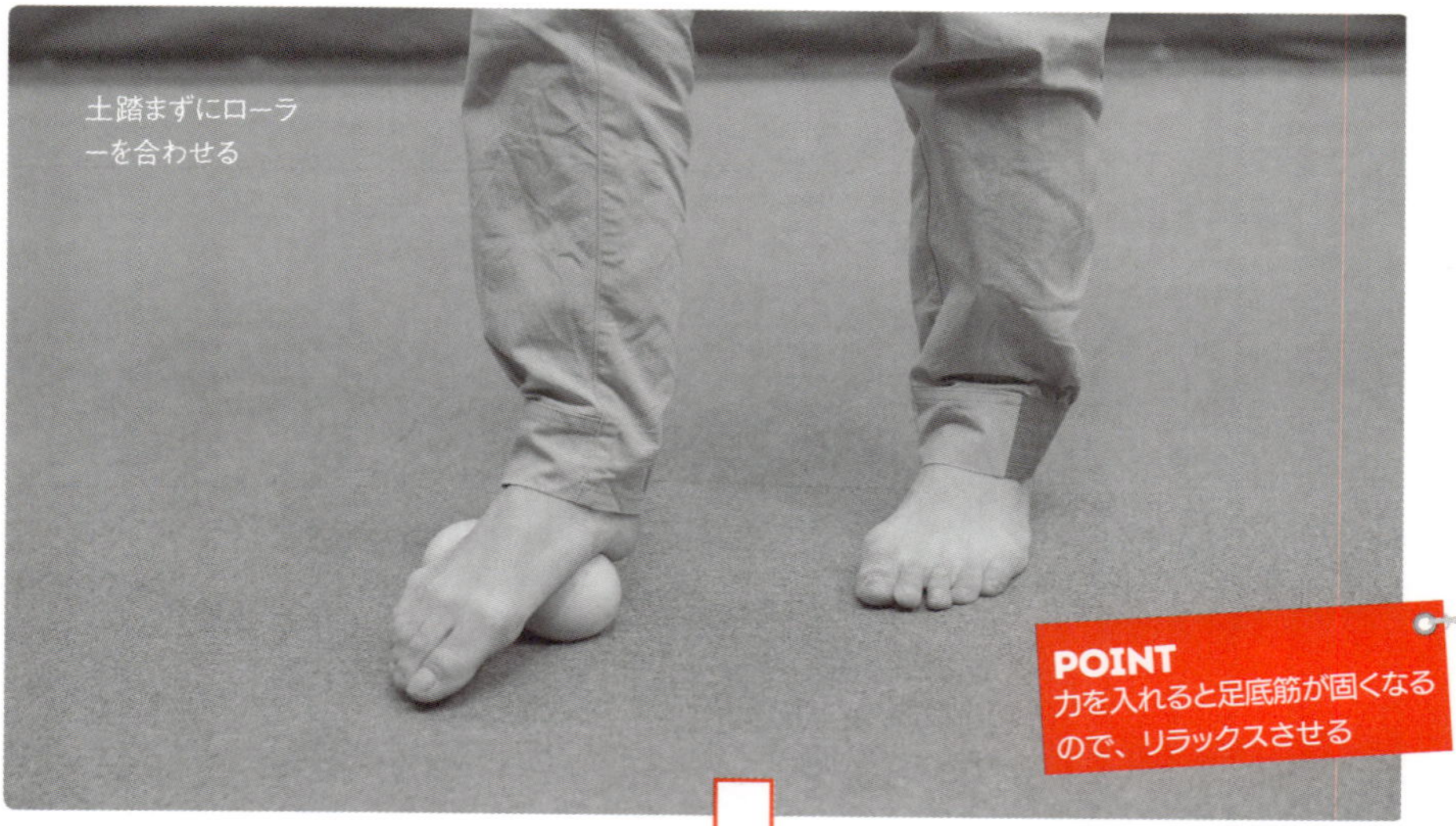
土踏まずにローラーを合わせる
POINT
力を入れると足底筋が固くなるので、リラックスさせる

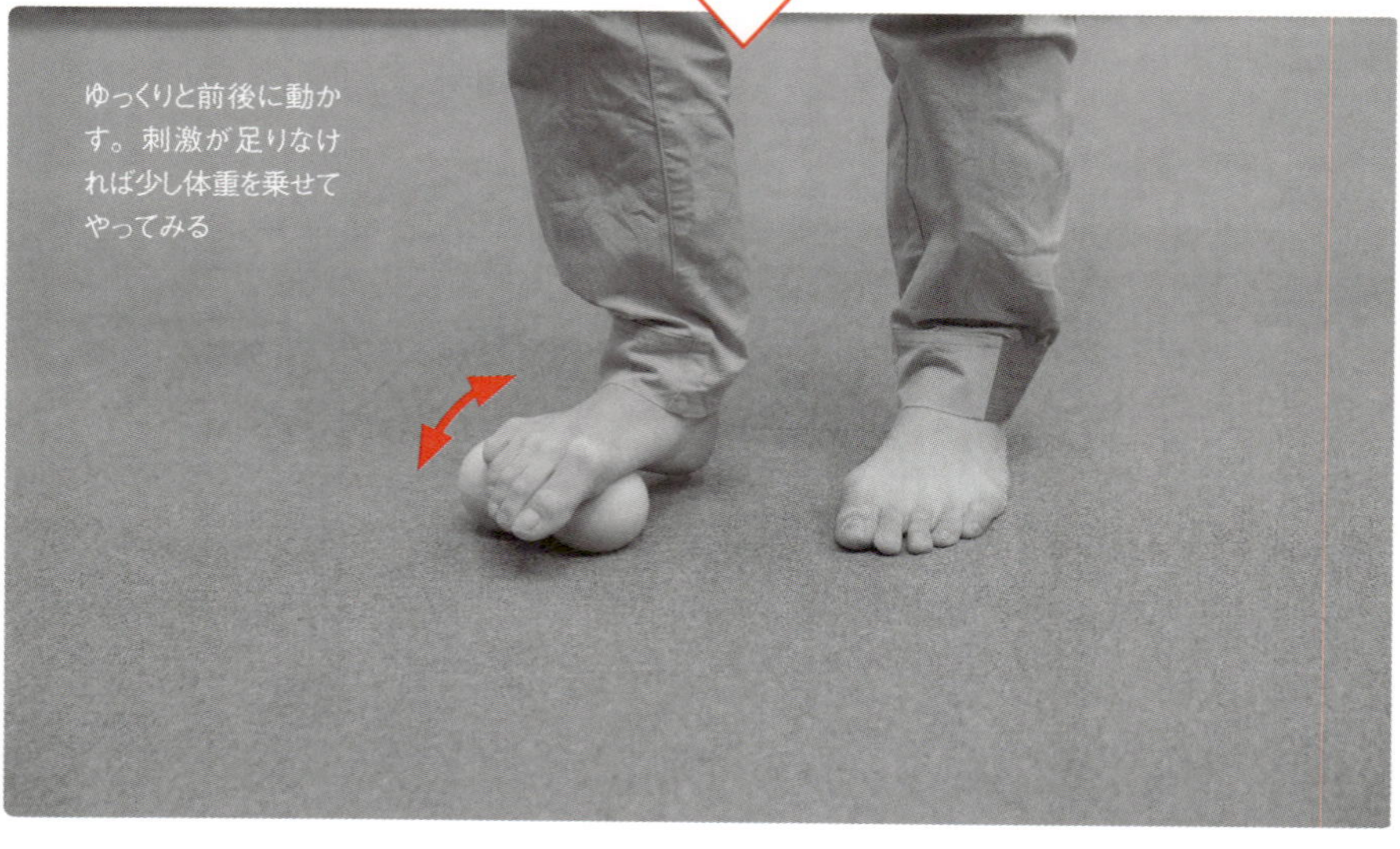
ゆっくりと前後に動かす。刺激が足りなければ少し体重を乗せてやってみる

セルフマッサージ⑤

四指

指関節を1本ずつ順番にほぐす。親指と人差し指で転がすようにするのがコツ。練習でクリンプを多用したら、ぜひやっておきたい。

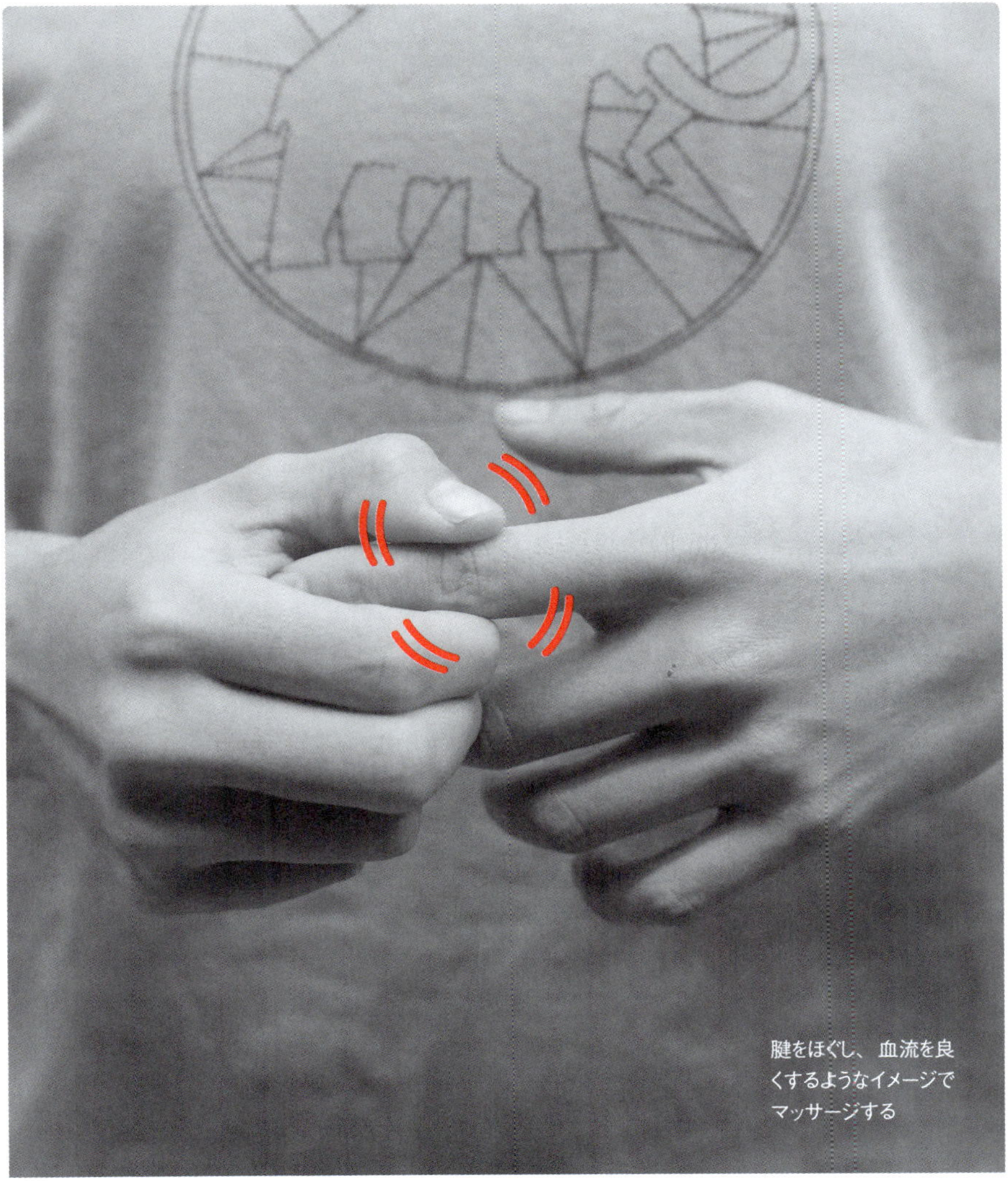

腱をほぐし、血流を良くするようなイメージでマッサージする

EPILOGUE

あとがき

クライミング人口は年々増えています。しかしそうした方たちみんなが長く続けているというわけではないようです。理由はいくつかあると思いますが、思ったように上達できないというのが多いようです。海外では70歳、80歳という方たちも楽しんでいる姿があるのと比べると、少し残念です。日本でもそうなって欲しいと思います。

長く楽しむためのコツは、自分で考えること。登り方やトレーニングを自分なりに分析して、成功させることだと考えています。登り方を教わってしまったら、喜びは一瞬だけ。でも自分で考えて成功したときの喜びは格別です。

低年齢で始める子も増えています。大人は子どもたちに上達への早道を求めがちですが、やはり長く楽しむためには、子どもたちに自分で答えを見つけさせることだと思います。大人は、子どもがケガをしないで、安全に楽しめるように見守ってあげるだけで充分ではないでしょうか。

そしてクライミングに興味を持ったからには、ぜひ自然の岩場を登ってみてください。その解放感は室内では味わえませんよ。

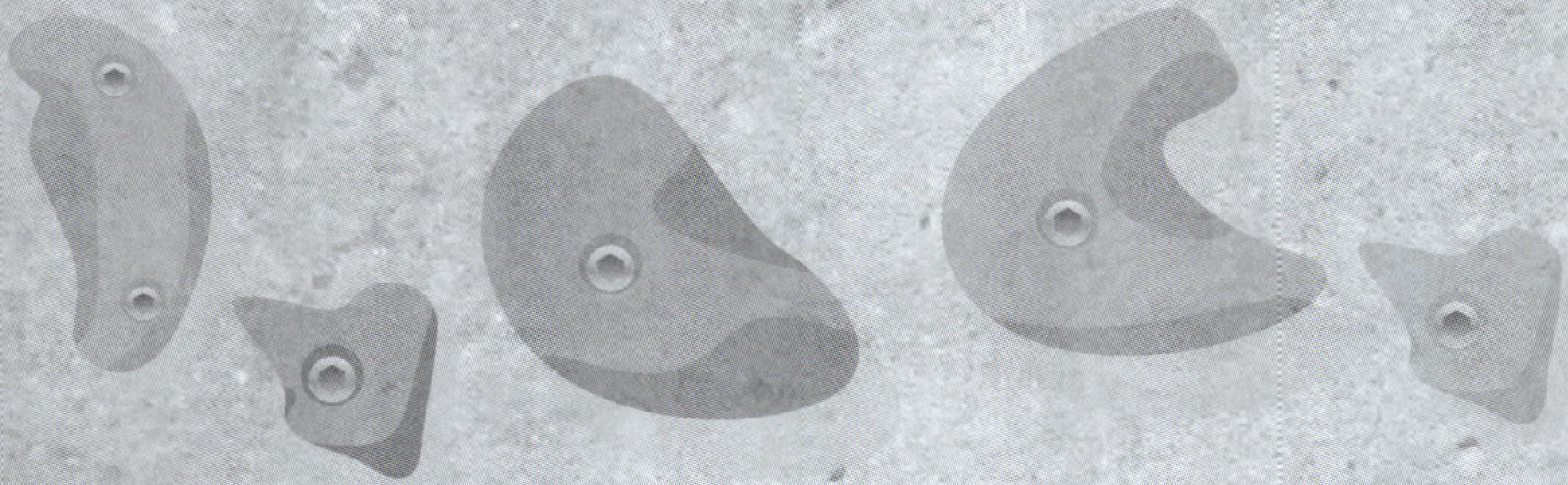

監修　安井博志(やすい　ひろし)

1974年12月29日生まれ、 鳥取県出身
公益社団法人日本山岳・スポーツクライミング協会所属
スポーツクライミング　日本代表監

2002年4月、由良育英高等学校（現鳥取県立鳥取中央育英高等学校）に山岳部を創設し、翌年から鳥取県山岳協会国体強化部長として山岳競技の普及と競技力向上に務め、国体で5度の優勝をさせた実績を持つ。2009年には世界最強と言われているオーストリアでの現地研修会に参加し、オーストリアのトップコーチからコーチ理論やメニューの組み方、戦略を学んだ。2009年11月のアジア大会以降はユース日本代表コーチを務め、2010年から日本オリンピック委員強化スタッフを務めている。現在は、スポーツクライミング日本代表ヘッドコーチとして活躍中。

実技モデル　小林由佳(こばやし　ゆか)

1987年12月29日生まれ、 茨城県出身

7歳でクライミングを始め、10歳でジャパンツアーに参戦。13歳で史上最年少で優勝し、そこから無敗の18連勝を達成した。16歳からワールドカップに参戦。海外での出場大会は100戦を越え、数々の成績をあげた。2017年に競技大会の第一線を退き、現在は、スポーツクライミング日本代表コーチとして活躍中。

撮影協力　水戸シティロックジム　アヴュー

http://avue.server-shared.com
〒310-0844
茨城県水戸市住吉町63-2
TEL:029-291-8083

ボルダリングとロープクライミングが体験できる。広々とした清潔なクライミングエリアで力技では登れない質の良いルートや課題が楽しめます。これからクライミングを始めたい方は、初心者体験コースがおすすめです。

STAFF

●編集
株式会社多聞堂

●構成
城所大輔
大久保 亘

●撮影
斉藤 豊

●写真
iStock

●イラスト
河野藍子

●デザイン
三國創市

●取材協力
公益社団法人日本山岳・
スポーツクライミング協会
水戸シティロックジム　アヴュー

日本代表ヘッドコーチが教える

スポーツクライミング テクニック&トレーニング

2019年4月20日初版第1刷発行

監修者　安井 博志
発行者　穂谷 竹俊
発行所　株式会社 日東書院本社
〒160-0022 東京都新宿区新宿2丁目15番14号 辰巳ビル
TEL:03-5360-7522(代表)　FAX:03-5360-8951(販売)
振替 00180-0-705733
URL　http://www.TG-NET.co.jp

印刷所　三共グラフィック株式会社
製本所　株式会社宮本製本所

乱丁・落丁はお取り替えいたします。小社販売部まで、ご連絡ください。

ISBN978-4-528-02200-3 C2075